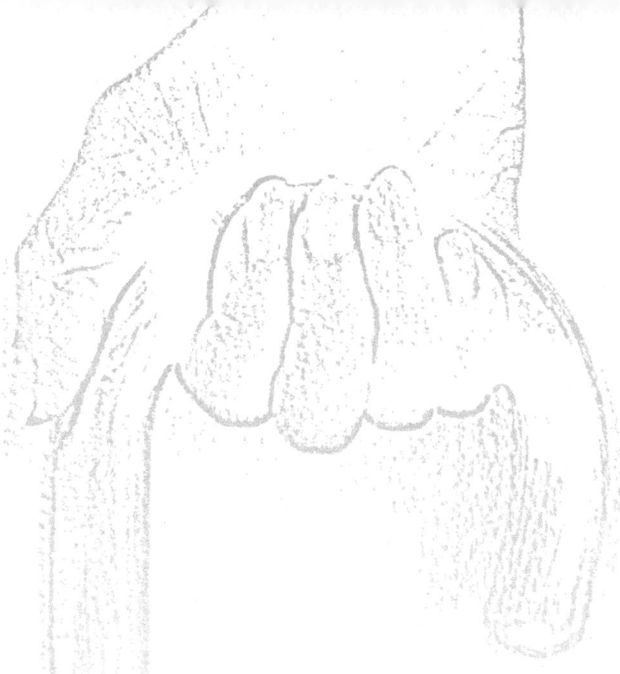

吉尔克◎著

POPULATION
AGEING

人口老龄化

背景下的税制演进趋向研究

The Research on the
Tendency of Tax Evolution in the Context of
POPULATION AGEING

中国经济出版社
CHINA ECONOMIC PUBLISHING HOUSE
北 京

图书在版编目（CIP）数据

人口老龄化背景下的税制演进趋向研究 / 吉尔克著
. —北京：中国经济出版社，2018. 4
ISBN 978-7-5136-5121-9

Ⅰ. ①人… Ⅱ. ①吉… Ⅲ. ①人口老龄化—影响—税收制度—研究—中国 Ⅳ. ①F812. 422

中国版本图书馆 CIP 数据核字（2018）第 049778 号

责任编辑 贺 静
责任印制 马小宾
封面设计 华子设计

出版发行 中国经济出版社
印 刷 者 北京九州迅驰传媒文化有限公司
经 销 者 各地新华书店
开 本 710mm×1000mm 1/16
印 张 12. 5
字 数 179 千字
版 次 2018 年 4 月第 1 版
印 次 2018 年 4 月第 1 次
定 价 59. 00 元
广告经营许可证 京西工商广字第 8179 号

中国经济出版社 **网址** www. economyph. com **社址** 北京市西城区百万庄北街 3 号 **邮编** 100037
本版图书如存在印装质量问题，请与本社发行中心联系调换（联系电话：010-68330607）

前　言

改革开放以来，我国经济建设取得了举世瞩目的成就。近 30 年来，经济持续保持近两位数的增长速度，经济总量每 7 年多翻一番，这在人类历史上是前所未有的。但我们也应该清醒地认识到，随着我国人口老龄化进程的加快，过去主要以高储蓄、高投资和廉价劳动力来推动的经济增长方式难以维持。随着我国人口老龄化进程的加快，人口结构变动所带来的负面影响开始显现。税收制度是政府筹集公共资金的主要工具，是以国家政权为保证的强制性制度约束。作为生产关系的一种，税收规模的大小和税收制度的构成最终要受到生产力发展水平的制约。因而学者们主要从宏观税负与经济增长的适应性和税制结构对经济增长的适应性两个方面对税制问题展开了大量的研究。但总体而言，关于人口老龄化对税制演进影响的研究相对较少。从新古典生产函数来看，国民收入增长率等于劳动人口增长率乘以劳动收入份额加上资本增长率乘以资本收入份额，再加上科学技术的进步率。短期内，在没有科学技术水平大幅提升的条件下，劳动力人口的减少会导致国民收入增长率的下降。因而从生产函数出发，人口老龄化进程的加快，将导致一国产出规模和生产中要素组合的变化。作为生产力要素，劳动力规模和结构的变动最终会导致税收规模和税制构成的变动。可见，人口老龄化进程的加快，会影响到一国的生产力水平和生产力结构，而这种影响又将通过一国的生产力水平和生产力结构传导至一国的税收制度设计上，并最终推动该国的税制变革。因而在人口老龄化背景下，研究人口结构变动对税制演进的影响，既有理论意义又有现实意义。

本书在人口老龄化背景下，以人口结构变动为出发点，考查了人口结构变动对宏观税负水平和税制结构的影响。就宏观税负水平而言，人口老龄化下养老保障税费的刚性增长是推动一国宏观税负水平升高的最直接动因。从税制构成来看，现实中无论一国的具体税种如何定义，税收最终课征于劳动、资本和消费三大“隐性税基”。人口老龄化下，劳动力供给的相对或绝对减少，在市场经济条件下，会引发劳动力供给、资本积累和消费需求的连锁反应，进而影响税制构成的演进趋向。

本书创新性地以人口老龄化为视角，对税制演进进行了研究。首先，本书在比对我国和世界人口老龄化一般进程的基础上，揭示出我国人口老龄化进程中所表现出的独特性和成因。我国在人口老龄化进程中表现出总量大、进程快、高龄化和超前于经济发展水平的特征。而“计划生育”政策的长期推行是我国形成这些特征的主要原因。税制演进中最主要的两个方面是宏观税负水平和税制构成。从人口结构变动上看，人口结构变动主要通过养老保障税费水平的高低影响宏观税负水平。税基是影响税制构成的重要因素之一。而资本、劳动和消费实质上构成了税收的三大“隐性税基”。因而本书从宏观税负水平和税基两个角度来阐释人口老龄化作用于税制演进的机理。由于本书旨在从人口老龄化角度来分析人口结构变动对税制演进的影响，因而将宏观税负口径定义为养老社会保障税费和一般税收两个组成部分。从宏观税负角度看，在一般税收收入不变的条件下，人口老龄化引致的养老保障税费刚性增长是引起宏观税负水平上升的主要原因。从税基角度看，人口老龄化导致劳动力供给少、劳动参与率降低和劳动生产率下降，进而导致劳动税基缩小。根据生命周期理论，劳动力人口的相对减少、纯消费人口的相对增加会降低一国的储蓄率，而储蓄率的高低会直接影响资本积累速度，进而导致一国资本税基的相对减少和消费税基的相对增加。在此基础上，本书从宏观税负和税基两个角度分析了我国人口老龄化对我国税制演进的影响。我国宏观税负增速长期快于经济增长的速度，而从宏观税负构成的两个方面来看，养老保障税费的增速明显快于一般税收的增速。这成为拉动我国宏观税负水平整体上升的重要成因。同时，从我国经济进入“新常态”后的宏观税负结构变动来看，养老保障税费增速虽然有一定程度的下降，但其下降幅度明显低于一般税收的下降水平。

其次，经济发展水平是影响税制演进的最主要因素。而人口老龄化作为一个影响经济的重要因素，与消费、储蓄、资本、劳动生产率等合力作用于经济社会。因此，多数学者通过数理或计量模型得出人口老龄化对影响经济增长的某个变量（如消费、投资等）的影响。因而本书以新古典增长模型为框架，以经济效率为标准，从宏观税负和税基选择两个方面分析了人口老龄化对税制演进的影响。本书在 Solow 模型中将总人口区分为工作人口和退休人口两个部分，并假设政府以固定税率不加区分地对产出征税（代表宏观税负水平）。模型结果显示，在稳态下人口老龄化程度与宏观税负水平负相关，且从模型假设的宏观税负构成上看，养老保障税费与一般税收存在此消彼长的关系。但人口老龄化程度对产出的影响不确定，即如果退出生产的老年人口所让渡出的资产能被经济体充分利用，则会对单位人均有效资本的积累起到促进作用，但其作用的大小受宏观税负水平的影响。基于以上分析，本书通过对人口老龄化程度相对较重、税制相对成熟的 OECD 国家的宏观税负变动历程进行考查，分析得出宏观税负总体上对经济增长有负面影响。因而 OECD 国家在保持宏观税负水平总体水平稳定的条件下，普遍降低了一般税负水平，而加重了社会保障税负水平；由于索洛模型中储蓄率是独立于经济增长的外生变量，该模型在应用上受到了限制，也不利于在该模型基础上进行税基选择的分析。因而本书在内生储蓄率的拉姆齐模型中引入人口结构和税收变量来分析人口老龄化（模型中用寿命延长作为人口老龄化的代表变量）对税制构成的相关影响。模型结果显示，在科学技术水平不变的条件下，对资本、劳动和消费税基的增税都会降低经济增长的效率。而在其他税不变的条件下，对消费征税降低了未来消费的相对价格，使人们更倾向于对未来的消费，有利于储蓄。在其他税不变的条件下，提高劳动工资税率会减少储蓄。由于 OLG 模型人口异质的特点，本书进一步构建了六期的跨期迭代模型，并选取我国数据对模型进行了动态模拟。结果表明，相较于对资本、劳动和消费征税而言，其对经济增长负向影响的大小可表示为：对资本征税>对劳动征税>对消费征税。在理论分析的基础上，本书对人口老龄化程度相对较重、经济发展水平相对较高的 OECD 国家近年来税制结构的变动与我国近年来税制结构的变动进行了比较分析。从税制结构变动趋势看，随着人口老龄化进程的加快，养老保障税费收入将不断增加。养老保障税费一般由企业和个人负担，这在一定程度上侵占了所得税类的税基，因而造成了所得税类税收收入占税收总收入的比重有相对下降的趋势。而相较于养老保障税费的刚性增长趋势而言，所得税与商品劳务税的变动呈现出此消彼长的态势。有趣的是，通过比较 OECD 国家同等收入水平、同等老龄化水平、同等社会保障税比重水平后，本书发现，一国以增值税为主的商品劳务税比重越高，实际 GDP 增长率相对越高，而所得税比重越高，则实际 GDP 增长率相对越低。从主要税种的变动趋势来看，随着人口老龄化进程的加快，各国企业所得税的比重整体呈下降趋势，而个人所得税的比重整体呈波动中小幅下降的趋势。商品劳务税比重整体呈波动中小幅上升的趋势。在商品劳务税构成中，增值税比重基本没有发生太大变动，但消费税、环境保护消费税类等相对上升较快。

最后，本书在结合以上研究结论的基础上，对我国人口老龄化下税制改革的趋向提出一些建设性的建议。我国人口老龄化的进程与经济增长不相协调，且从我国人口老龄化进程中所表现出的特征来看，我国快速的人口老龄化进程将有可能加重其对经济发展的负面影响。因此，为应对我国人口快速老龄化可能给经济增长带来的不利影响，今后税制改革趋向应以效率优先、兼顾公平为原则，其路径为：充分利用我国 2015—2035 年的人口红利窗口期，继续保持投资和出口的中高速增长。为此，本书提出：适当降低企业所得税税率，以保证企业有充足的资金积累来满足其转型升级的需要；加快个人所得税从分类征收向综合征收过渡，合理确定扣除项目；下调增值税的低税率以保障老年人口的基本生活需求；提高消费税税率，扩大消费税征税范围，引导消费方向；缓速提高资源税税率，促进资源综合利用率的提高；设立遗产税、环境税等新税种，以弥补养老保障资金的不足。

本书可能的创新之处在于：首先，不同于其他多数关注宏观税负或税制结构对经济增长影响的研究，从人口结构变动的角度分析了税制演进的一般趋势，这可能是一个新的探索。其次，以往对税制选择效率的研究成果在一定程度上忽略了人口结构因素这一变量，而本书的研究以效率为中心，以人口结构变动为重要影响因素。

目　录

1 导 论

1.1 研究背景

1.1.1 人口老龄化要求经济增长方式的转变

近 20 年来，我国经济持续快速增长。1996—2015 年，我国国内生产总值的平均增长率达 9.57%，其间有 7 年的增长率达到两位数以上，有 6 年的增长率达到 9%以上①。从经济增长的动力来看，多数学者将推动我国经济快速增长的因素归结为以高储蓄率推动的高投资率，以廉价劳动力和对资源、环境的低成本透支来支撑的出口导向型经济。然而，2008 年以来，受美国金融危机所引发的全球性经济衰退的影响，我国经济也出现了明显的下行趋势。为应对全球性金融危机带来的负面影响，并保证我国经济增长率不低于 8%的既定经济增长目标，国务院于 2008 年 7 月将我国在 2007 年年底确定的“稳健的财政政策、适度从紧的货币政策”改为“积极的财政政策、适度宽松的货币政策”，并于 2008 年 11 月 10 日出台了在未来两年内投资 4 万亿元人民币的积极性财政政策。虽然该巨额财政刺激方案保证了我国 2008 年、2009 年和 2010 年国内生产总值 9.6%、9.2%和 10.6%的增长率，但该经济刺激方案在消化过剩产能的同时，也进一步刺激了产能的过剩，且进一步加重了经济结构的失衡。因而在之后的 2011—2015 年，我国国内生产总值增长率由 9.5%下降至 6.3%。

---

① 数据来源：根据中华人民共和国国家统计局网站年度数据计算得出。

与此同时，过去支撑我国经济高速增长的因素正趋于弱化。一是人口红利窗口期加速收窄。根据我国国家统计局网站的统计数据，2015 年，我国 15～64 岁劳动力人口数比 2014 年减少了 108 万人。另外，联合国中等生育率下的预测数据显示，我国保持了 30 多年的劳动力增长趋势到 2015 年发生了扭转，之后我国 15～64 岁劳动力人口将呈持续下降趋势。且逐年下降的劳动力人口数量呈倒“U”型趋势，并在 2053 年达到峰值，即到 2053 年我国 15～64 岁的劳动力人口将比上年下降 1315.6 万人。二是我国之前以高储蓄、高投资推动的增长方式将难以为继。根据世界银行的标准，我国 2013 年人均 GDP 突破 7000 美元，已正式进入中等收入国家行列。然而，这并不能表明我国今后的经济将持续增长。二战后的世界经济史表明，虽然多数国家都成功地从低收入国家迈入中等收入国家，但却只有极少数的国家能成功地从中等收入国家迈入高收入国家的行列。而且，当一国经济发展水平达到中等收入国家水平后，投资拉动的作用较以往将发生转变。首先，投资收益率边际递减规律的作用开始显露。如 2009 年，我国 4 万亿元的积极财政政策仅使我国增长率达到 10%以上的时间维持了 3 个季度，之后整体呈下滑趋势。虽然此后我国推出的一些其他短期经济刺激政策也曾使得经济增长率一度小幅回升，但政策的作用时间越来越短。正如李克强总理在《关于调整经济结构促进持续发展的几个问题》一文中指出的：“长期过度依赖投资拉动的经济增长是难以持续的。[①]” 再次，随着我国人口老龄化进程的加速，我国劳动力的供给逐年递减，而劳动力的成本则逐年上升，这将对我国以劳力密集型为主的商品出口带来不利的影响。海关总署 2015 年 3 月的调查显示，我国有 56.2%的出口企业反映，其出口的综合成本同比增加，而其中有 61.8%的企业表示劳动力成本同比上升较快[②]。2015 年，赵福军、赵晋平在其《上半年外贸出口形势企业问卷调查分析报告》中指出：“受访企业中 44.9%的企业认为劳动力成本的

① 李克强. 关于调整经济结构促进持续发展的几个问题［J］. 求是，2010（11）：6.

② 海关总署. 3 月份 47.3% 调查企业新增出口订单金额下降”［EB/OL］. http://news.xinhuanet.com/finance/2015-04/13/c_127682921.htm，2015-04-13.

上升是各项影响出口增长的首要不利因素①”。

1.1.2 “人口老龄化陷阱”与“中等收入陷阱”的叠加

习近平主席在2014年亚太经合组织（APEC）工商领导人峰会开幕式的演讲中提出了中国经济发展进入“新常态”的重大战略判断。习近平主席进一步指出，经济发展的“新常态”不完全是受金融危机的影响，而是经济发展规律的客观表现。2014年8月7日，《人民日报》发表的“经济发展迈入新阶段”一文中将中国经济新常态归纳为“中高速”“优结构”“新动力”“多挑战”4个主要特征。

从经济增长速度来看，我国的经济增长速度已经由高速增长转向了中高速增长。2003—2007年，我国GDP的增长率平均为11.6%，而2008—2011年，我国GDP的平均增长率下降到了9.6%。此后的2013年，我国GDP的增长率进一步下降到7.7%。2015年，我国GDP的增长率更进一步下降到6.3%。而随着我国人口结构的转变、劳动力成本的上涨和储蓄率的下降，我国今后的经济增长率有可能进一步下降。

从我国未来所面临的挑战来看。一是我国有落入“中等收入陷阱”的可能。世界银行的《东亚经济发展报告（2006）》中提出了“中等收入陷阱”这一概念。“中等收入陷阱”至今都没有一个统一的定义，但一般是指当一国的国民收入达到中等收入水平后，如果该国没有转变经济增长方式，将可能导致该国经济增长的动力不足，并最终陷入经济增长的停滞状态。根据中国国家统计局数据，并按照“人民币平均汇率（年平均价）”计算，2014年我国人均GDP为7575美元，已经属于中等偏上收入国家的行列。但我国目前的国民收入水平与人均12600美元标准的高收入国家之间还有很大的差距。因而未来的几年已成为我国能否成功跨越“中等收入陷阱”，并顺利实现党的十八大提出的“到2020年城乡居民人均收入比

---

① 对外经济研究部“外经贸形势分析”课题组．2015年上半年外贸出口形势企业问卷调查分析报告［R］．2015，8．

2010年翻一番”的宏伟目标的关键时期。而保持经济的中高速增长是我国跨过“中等收入陷阱”的必要条件，但从2015年国家统计局网站公布的数据来看，我国经济下行的压力较上年有一定的增加。2015年前两个季度国内生产总值指数为107.0%，较上年第四季度增速下降了0.4个百分点。如果这一趋势一直得不到扭转，则我国很有可能落入“中等收入陷阱”。二是我国人口老龄化进程的不断加速对我国能否顺利跨越“中等收入陷阱”带来了不利影响。创造“东亚奇迹”的日本和“亚洲四小龙”国家及地区，其经济的高速增长期都是在人口结构进入老龄化前实现的。Bloom，David 和 Jeffrey G. Williamson（1997）的研究表明，东亚经济的快速增长在很大程度上取决于其人口结构的转变。20世纪40—50年代东亚经济的人口结构为高少儿抚养比，其经济增长受到压制，人均收入水平不高。而其后的1970—1995年，随着东亚国家人口结构的转变，即劳动年龄人口占总人口的比重不断增加，东亚经济的人均GDP年增长率达6.1%，高于稳态增长率4.1%。因此，Bloom等推断，在东亚经济的整个高速增长期间，人口结构变化的因素对经济高速增长的贡献达1/4~1/3。

地缘和文化上，日本、新加坡、韩国与我国有很大的相近之处。因而日本、新加坡、韩国的经济发展史值得我们警视。二战后，日本经济经历了萧条、繁荣、快速增长与停滞4个阶段。同期，日本的人口结构也发生了急剧变化，从一个发达国家中人口结构最为年轻的国家，变成一个人口老龄化最为严重的国家。日本统计局官网的统计数据显示，1950—1990年为日本的人口红利时期，这一期间少儿抚养比下降，老年抚养比相对较低，劳动年龄人口的比重相对较大（见图1.1）。而这一时期也正是日本经济增长最快速的时期。1956—1991年，日本的经济增长率平均达11.88%。其中，1956—1978年，日本的经济增长率基本维持在10%以上。1979—1991年，日本的经济增长率开始下降，并基本维持在5%左右。1992年之后，随着日本人口红利的消失和日本人口老龄化进程的加快，日本的经济增长再也没能回到之前的增长速度。以1970年日本进入老龄化社会（以65岁及以上人口占比超过7%）为时间点。在日本进入老龄化社会前的1956—1970年，日本的增长率平均为 15. 63%。而在日本进入老龄化社会后的 1971—1991 年，日本经济的增长率平均为 9. 21%。

从新加坡进入老龄化社会前后的经济增长率来看。2000 年，新加坡进入老龄化社会，其 65 岁及以上人口占总人口的比重为 7. 2%。在新加坡进入老龄化社会前的 1961—1999 年，其经济增长率平均为 8. 3%。而在新加坡进入老龄化社会后的 2000—2014 年，其经济增长率平均为 5. 7%①。

同样的情况也出现在了韩国。韩国于 2000 年正式进入人口老龄化社会。韩国在进入老龄化社会之前的 1971—1999 年，经济增长率平均为 8. 5%，而在韩国进入老龄化社会后的 2001—2013 年，经济增长率平均为 4. 2%②。

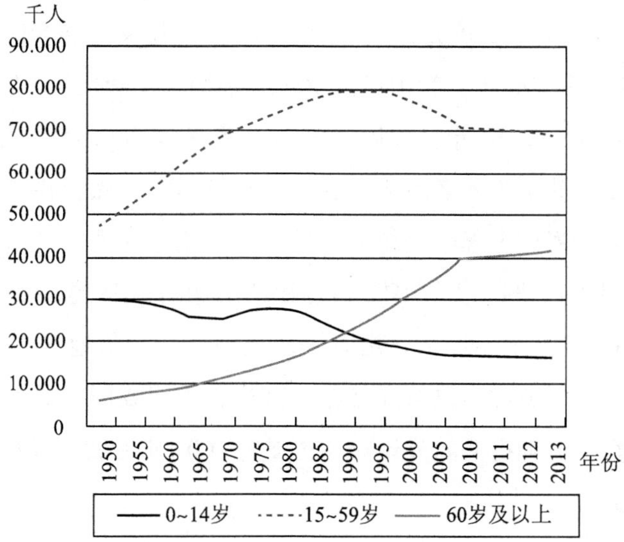

图 1. 1　日本的人口结构变化

数据来源：日本统计局网站，http：//www. stat. go. jp/.

① 数据来源：根据新加坡国家统计机构网站计算得出，http：//www. singstat. gov. sg/statistics/browse-by-theme/national-accounts.

② 数据来源：根据韩国国家统计机构网站计算得出，http：//kosis. kr/eng/statisticsList/statisticsList_ 01List. jsp？vwcd = MT_ ETITLE&parentId = L#SubCont.

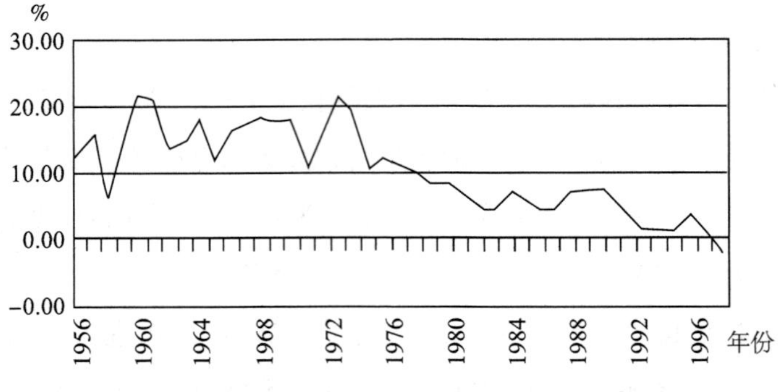

图 1.2　日本的经济增长

数据来源：日本统计局网站，http：//www. stat. go. jp/.

根据全国老龄办公布的数据，我国于 1999 年进入老龄化社会，当年，我国的人均 GDP 为 865 美元，属于中等偏下收入国家。在我国进入老龄化社会前的 1978—1998 年，我国经济增长率平均为 9. 9%；而在我国进入老龄社会后的 1999—2014 年，我国经济增长率平均为 9. 7%。相对于日本、新加坡、韩国，我国进入老龄化社会后的经济增速仍然很快。这一方面可能与我国少儿抚养比下降较快相关，另一面可能与一国经济由低收入国家向中等收入国家迈进的进程中资本边际产出相对较高的一般经济规律相关。然而 2009 年下半年以来，由我国珠三角、长三角地区“用工荒”背后所折射出的我国劳动力供给开始相对减少，表明我国人口老龄化进程加快所带来的负面影响已开始显现。这也成为 2009 年后我国经济增速开始放缓的一个因素。

从日本、韩国、新加坡三国在进入老龄化社会前后的经济增长率变化可以看出，人口老龄化是导致一国经济增速减缓的重要因素。值得注意的是，以上三国在进入老龄化社会前，其国民收入已达到高收入国家的水平。而我国正处于跨越“中等收入陷阱”的关键时期，保持经济的中高速增长，是我国跨越“中等收入陷阱”的必要条件。但我国在国民收入水平不高的条件下进入老龄化社会，且我国人口老龄化进程相对较快，可能会使我国在未来的经济发展中面临“人口老龄化陷阱”和“中等收入陷阱”的叠加。

1.1.3 人口老龄化与供给侧改革

2009 年全球金融危机发生以后，传统的“需求不足—刺激需求”的思路并没有拉动经济的长期增长，反而带来了更大的副作用，即投资收益递减和资产负债杠杆率过高。之后，党中央调整经济增长的重心由需求侧转向供给侧。供给侧改革的核心是提高要素的生产效率。随着人口老龄化、养老保障需求以及财政养老资金投入扩大，社会积累基金减少，而消费基金扩大。在养老保障需求刚性条件下，如何提高要素的产出效率以达到经济增长的目的是供给侧改革的核心。养老保障、税收都是对社会总产出的再分配机制，在养老保障刚性需求下，如何推进税收制改革提高经济运行效率成为供给侧改革的重要政策工具。

2015 年 6 月 30 日，中共中央政治局会议审议通过了《深化财税体制改革总体方案》，方案指出了“深化财税体制改革的目标是建立统一完整、法治规范、公开透明、运行高效，有利于优化资源配置、维护市场统一、促进社会公平、实现国家长治久安的可持续的现代财政制度。重点推进 3 个方面的改革：改进预算管理制度，强化预算约束，规范政府行为，实现有效监督，加快建立全面规范、公开透明的现代预算制度；深化税收制度改革，优化税制结构，完善税收功能，稳定宏观税负，推进依法治税，建立有利于科学发展、社会公平、市场统一的税收制度体系，充分发挥税收筹集财政收入、调节分配、促进结构优化的职能作用；调整中央和地方政府间财政关系，在保持中央和地方收入格局大体稳定的前提下，进一步理顺中央和地方收入划分，合理划分政府间事权和支出责任，促进权力和责任、办事和花钱相统一，建立事权和支出责任相适应的制度。新一轮财税体制改革 2016 年基本完成重点工作和任务，2020 年基本建立现代财政制度[①]”的改革路径。

从方案来看，我国税制改革的目标是促进税制结构优化、提升经济效

① 习近平主持政治局会议 审议通过户籍改革意见等 [EB/OL]. 新华网，http://news.xinhuanet.com/politics/2014-06/30/c_1111388165.htm，2014-06-30.

率、稳定税负、保证社会公平。而我国人口老龄化进程不断加快可能导致的“人口老龄化陷阱”与“中等收入陷阱”的“叠加”，对提升经济增长的“效率”目标提出了更高的要求。

1.2 研究意义

税制演进受经济发展水平、制度环境、国际环境、政府责任等多重因素的影响。随着我国人口老龄化进程的加快，人口老龄化对经济社会带来的影响日益显现。税收制度是政府筹集公共资金的主要工具，本质上是生产关系的一种，税收规模的大小和税收制度的构成最终要受到生产力发展水平的制约。因而多数学者从宏观税负与经济增长的适应性和税制结构对经济增长的适应性两个方面对税制问题开展了大量的研究。但总体而言，关于人口老龄化对税制演进影响的研究相对较少。而本书不同于其他多数关注宏观税负或税制结构对经济增长影响的研究，而是从人口结构变动的角度分析了税制演进的一般趋势，这可能是一个新的探索。同时，以往对税制选择效率的研究成果在一定程度上忽略了人口结构因素这一变量，而本书则将人口结构变动作为影响税制演进趋向的一个重要影响因素加以考虑。因而在我国人口老龄化进程日益加快的背景下，研究人口结构变动对税制演进的影响，对于我国如何推进下一步的税制改革具有重要的理论和现实意义。

1.3 相关概念界定与理论基础

1.3.1 税收制度

税收制度是政府取得财政收入的一种最主要形式。政府征税的过程实际上是政府对社会总产出的再分配过程，是将归社会各微观主体的可支配资源转由政府支配的过程。从税收征收的结果来看，它是各经济组织和个人既得利益的一种减少，是政府对社会既定利益格局的调整。

在我国，人们对税收制度的研究是从两个不同的角度进行的。一个角度是从“制度”的内涵出发，即税收制度是一种规范行为主体的既定约束；另一种是从“制度构成”出发，即将税收制度作为依一定标准分类的税种组合，即税制结构问题。基于不同的研究角度，税收制度可定义为以下两种：

一是认为税收制度是“国家制定的税收征管工作的行为规范与行动准则，是各项税收法律、法规及其他相关规定的总和。它既是纳税人履行其义务的准则，也是征收机关据以征管的法律依据”①。

二是认为税收制度是“国家按照一定政策原则组成的税收体系”②。即税收制度是指“一国根据其经济、政治、文化等基础，遵循一定政策原则组成的税收体系，其核心问题是主体税种的选择和各税种的搭配问题。”③“人们在研究税收问题时，通常称之为税制结构问题。我们可以从国内的文献资料中看到专家、学者对税制结构的定义与税收制度的含义基本相同。”④

1.3.2 相关理论基础

（1）古典学派的相关理论

经济自由主义是英国古典学派经济理论的核心。古典学派认为，经济运行只需要由供需机制进行自发调节无须政府干预，即通过市场的竞争机制就可以自然而然地促进经济增长。因而斯密在其《国富论》中阐明了适合自由竞争资本主义发展的赋税原则。他首先在赋税论中提出税收的 4 个原则：“每一国家的国民应当尽可能地按照各自能力的大小，即是说按照他在国家保护下所获得的收入比例，对维持政府做出贡献；每个国民必须

① 岳树民，李建清，等．优化税制结构研究［M］．北京：中国人民大学出版社，2007：3.

② 岳树民，李建清，等．优化税制结构研究［M］．北京：中国人民大学出版社，2007：4.

③ 陈共．财政学［M］．北京：中国人民大学出版社，2004：253.

④ 岳树民，李建清，等．优化税制结构研究［M］．北京：中国人民大学出版社，2007：4.

缴纳的赋税应当是确定的，不能是不定的；每一种赋税应当按纳税者最便于缴纳的时间和用他们最便于缴纳的方式去课征；每种赋税应当这样来设计，使它从人民口袋中取出的钱或阻止人民得到的钱，超出它送入国库中的钱尽可能地少。”①

斯密在税收四原则的基础上，对租金税、土地地租税、利润税、劳动工资税和消费税进行了分析。他认为地租税的征收方式有两种：其一是定额征收，其二是比例征收，即与土地产物成比例的税。前者虽然不符合上述第一种原则，但却符合其他三项原则。定额征收土地税，不仅由地主承担税收负担，不发生税收负担转嫁，而且征收效率是最高的，因为这种征收方法可以促进地主改良土地去增加生产，减少土地产量的倾向也没有了，可以促进人们勤劳工作，但由土地改良而获得的利润，君主却分享不到。而与土地产物成比例的税，如“什一税”等，表面上是完全平等的，实际上是非常不平等的税。在不同情况下，一定部分的土地产物等于非常不同部分的地租。在某些非常肥沃的土地上，产量很大，它的一半就足以补偿农场主在耕作中所使用的资本，连同相当于邻近地区农业资本的普通利润。其他的一半产物，如果没有什一税，就可以用来向地主支付地租。但是如果产物的 1/10 从他手中取走，农场主就一定会要求减少地租的1/5，否则他就无法收回资本和普通利润。在这种情况下，地主的地租就不是全部产品的一半，而只是它的 2/5。反之，在比较贫瘠的土地，土地的产量有时很小，而耕种费用很大，要求由全部产物的 4/5 来补偿农场主的资本和普通利润。在这种场合，即使没有什一税，地主的地租也只不过是全部产物的 1/5。但是如果农场主用产物的 1/10 来支付什一税，他必然会要求地主减少相同数额，于是地租减到只占全部产物的 1/10②。

在房租税上，斯密认为，房屋的租金可分为两个部分，即建筑物租金和地皮租金。建筑物租金在长期应等于或稍高于市场利息，即应等于市场的普通利润。而全部房屋租金中超过足以提供这种合理利润的部分，自然

---

① ［英］亚当·斯密．国富论［M］．杨敬年，译．西安：陕西人民出版社，2001：894-895.

② ［英］亚当·斯密．国富论［M］．杨敬年，译．西安：陕西人民出版社，2001：905-907.

归于地皮租金。斯密认为这部分超额利润产生于房屋所在的地理位置以及便利程度。对于这部分超额利润的归属，斯密认为，当房屋所有人和地皮所有人不是同一人时，在多数情况下，这部分剩余租金（超额利润）一般由地皮所有人取得。通过对房屋租金的分析，斯密认为，对房屋租金课税时，如果房租税能与全部租金成比例且由住户缴纳，就能在长时期内不影响建筑物税。这种税往往是部分落在承租方，部分落在地主方。同时，斯密就房屋租金与土地地租进行了比较。他认为，地皮租金比房屋租金更适合成为征税对象，地皮租金的多少是依竞争者为富人或穷人而定，即依他们支付能力的大小而定。因为，多数富人都在大都市中，那里的地皮租金也总是最高的。可见，地皮租金可以实现按收入的比例对公共开支做贡献，这是非常合理的。此外，斯密还比较了房屋租金与土地地租。他认为，两者虽然在某些方面相似，但在一个方面却有本质的不同，即土地地租是为使用一种有生产力的东西而支付的，而房屋租金是为了一种没有生产力的东西而支付的。也就是说，如果房租税是落在住户身上，它的来源与房租本身的来源相同，即由支付房租的收入来源确定，或者是劳动工资，或者是资本利润或者是土地地租。因而只要房租税由住户承担，它就和消费品税一样，具有无差别地课征于一切收入来源的性质①。

斯密把资本产生的收入或利润分为两部分：用来支付利息、属于资本所有人的部分；超过必须用来支付利息的剩余部分。他认为利润的后一部分不能是直接课税对象。它是对使用资本的风险和麻烦的补偿，在大多数情况下不过是非常微薄的补偿。对于工资税，斯密认为，如果劳动者在税后所得不变，则会降低资本收益或是提高最终消费品的价格；而如果劳动者的税后收入减少的情况下，则产生这一状况的成因是该产业的凋零，对劳动需求的下降，这将使穷人的就业减少。

在消费品税上，斯密将消费品分为两类：一类是维持人民生活必不可少的和保证人民至少体面生活的必需品，另一类是奢侈品。他认为消费税

① ［英］亚当·斯密．国富论［M］．杨敬年，译．西安：陕西人民出版社，2001：913-914.

课征于两者之间是不同的。如果消费税课征于必需品，则在实际税后工资不变的情况下，消费税必然会造成工资和价格的等比例上涨；而在实际税后工资降低的情况下，则必然会或多或少地降低穷人养育子女的能力，从而减少劳动力的供给。如果课征于奢侈品，对下等阶级人民而言，奢侈品价格的提高既没有提高其他商品的价格的倾向，又不影响他们供给子女的能力。

大卫·李嘉图是继斯密之后古典经济学的集大成者。他对经济增长和税收的分析是以收入分配为中心展开的。他同样反对国家征收重税和干预经济。李嘉图认为，资本积累是经济增长的根本动力，凡是有害于资本积累的事项，都会阻碍经济的发展。他认为，一国的税收最终来源于本国的资本或由本国的收入支付。而资本量的变动与人们的消费相关，即产出大于消费则资本增加，产出小于消费则资本减少。在他看来，由税收提供的政府开支是一种生产性消费，当政府消费增加时，如果这种消费是由人民增加生产或减少消费来偿付，税赋就落在收入上，国家资本可以不受损失，但如果人民没有增加生产或减少非生产消费，就必然落在资本上。可见，在李嘉图看来，税收不是减少资本就是减少收入，总之，税收不利于经济的增长。

（2）凯恩斯学派的税收理论

凯恩斯学派产生的背景是 20 世纪 30 年代几乎蔓延整个西方社会的经济危机。早在 20 世纪 20 年代初期，英国就爆发了历史上第一次经济危机，并在此后很长时间难以走出困顿。1929 年工业生产勉强恢复到战前水平的英国，又遭遇了世界性经济危机。在经济危机中，西方社会经济衰退，收入下降，消费长期处于低迷状态，而这又导致产品积压和经济形势的进一步恶化。长时间的经济不平衡状态，引发了人们对古典经济学中“萨伊定律”的质疑。因此，凯恩斯提出了有效需求决定供给水平的理论。他认为，有效需求的不足才是产生经济危机的根源。他指出要想摆脱经济危机、促进经济增长，政府就必须通过财政手段来刺激经济。

凯恩斯认为，由于短期内总供给不可能有太大的变动，总供给可在短期内视为一个常量。而总需求由有效消费需求和有效投资需求构成。有效需求一般情况下是不足的，从而造成失业和经济危机。他将有效需求不足归因于 3 个基本心理规律即“边际消费倾向递减规律、资本边际收益递减规律和流动性偏好规律①”。在此基础上，他提出了促进就业、调节社会财富分配以促进经济增长的税收政策：提高累进所得税比重，以提高边际消费倾向。他认为，资本主义进入垄断时期后，难以完全依靠市场机制来实现充分就业。社会财富分配贫富悬殊，富人边际消费倾向低，穷人消费能力低，这造成了有效需求不足，不利于资本积累和经济增长。因而税制体系应加大直接税的比重，并采取累进税率制加大对富人阶级的课税，以公平收入分配，才能有效提高消费倾向；对遗产课征重税。对遗产课以高额的累进税，在一定程度上可以减少遗赠行为，提高当期的消费倾向；实行财政关税，鼓励出口。他认为，采用扩张性的经济政策时，一定要实行财政关税手段以减轻国际贸易的不利影响。例如，“进口材料与出口有关的，税额应予以折减，至于构成出口价额内重要成分的原料，如羊毛与棉花，则应免税”②。

（3）供给学派的税收理论

供给学派是在对凯恩斯主义进行批判的过程中产生的。他们认为 20 世纪 70 年代出现的“滞胀”局面是长期推行凯恩斯主义的结果，并主张供给才是供需关系的主要方面，进而提出了刺激供给来推动经济增长的税收政策。供给学派认为，经济的增长是各种生产要素相互作用的结果。因此，一国应通过增加生产要素的投入和提高劳动生产率来实现经济增长。而其中，资本是一国生产要素中最重要的要素。一国资本规模越大，经济增速度越快。由于资本规模取决于储蓄规模，则储蓄和投资是一国经济增长的最重要因素。

基于此，供给学派认为减税可以提高要素的生产力。供给学派认为，税率是影响纳税人经济决策的最重要因素。经济社会中，纳税人真正关心

① 许建国．西方税收思想［M］．北京：中国财政经济出版社，1996：173.

② ［英］凯恩斯．劝说集［M］．北京：商务印书馆，1962：209.

的并不是税前收入的多少，而是税后收入的多少。如果政府提高税率，纳税人的税后收入会减少。对个人而言，这会改变其劳动供给与闲暇间的相对价格，当闲暇价格下降时，就会减少劳动力的供给。对企业而言，政府提高税率，就会降低资本的收益率，从而降低企业生产的积极性，进而减少产出。但不同于凯恩斯学派的降低平均税率的观点，供给学派认为，应该降低边际税率。对这一观点的论述，就是著名的“拉费曲线”。同时，供给学派认为，供给决定需求的一个重要前提是经济自由。因而刺激供给的政策要求减少政府的干预。他们认为凯恩斯主义的理论和政策太多地干预了经济主体（个人、家庭和企业）的决策行为，挫伤了人们储蓄、投资和工作的积极性，从而造成生产效率的降低和经济的衰退。因此，他们主张减少政策对市场行为的干涉，以充分发挥市场的资源配置机制，进而增强市场主体的活力。

（4）新古典学派的最适税收理论

最适（最优）课税理论是分析现实经济条件下，如何确定具体的税制模式，如何将不同税种进行整合，选择何种税收工具，如何决策税率结构等的理论工具。最适税收理论的主要内容一般包括直接税与间接税的搭配理论、最适商品税理论和最适所得税理论等。下文主要介绍的是直接税与间接税相搭配的理论。

一是希克斯（Hicks）和约瑟夫（Joseph）的理论。希克斯与约瑟夫利用序数福利经济学方法，从税收中性的角度分析了所得税和商品税对消费者福利的不同影响。他们认为，无论政府课征所得税还是商品税，消费者的福利水平都会有不同程度的下降，但两种税的课征对福利影响的程度不同。在政府获得收入既定的情况下，如何使消费者福利减少得最小便是最适税收理论研究的范畴。该理论假设：①市场是完全竞争的；②储蓄和劳动力以不变比例提供；③政府的税收收入是既定的。希克斯和约瑟夫分 3 种情况对所得税和商品税进行了比较。首先，该理论分析了政府征税对商品 X 和其他非课税商品消费选择的影响。在图 1.3 中，直线 AB 表示征税前消费者的收入预算约束，其与无差异曲线 U_1 相切于征税前的消费者均衡

点 E_1。直线 AB_1 表示对某一商品 X 征税后消费者所面对的新的预算约束曲线，其与无差异曲线相交与 U_2 相切于新的税后消费者均衡点 E_2。假设为获得与商品税相同的税收收入而对消费者征收所得税，则税后预算线变为直线 DF，其与直线 AB 平行，并与无差异曲线 U_3 相切得到征收所得税后消费者的均衡点 E_3。显然，当对消费者征收所得税时，消费者税后处于更高的无差异曲线，这表明对消费者征所得税给消费带来的福利损失要小于对消费者征收商品税所带来的福利损失。因此，在政府可获税收收入不变的情况下，所得税要更适于商品税，因为商品税课征与否会造成应税和非税商品的价格扭曲，而所得税不会引起消费者对两者的重新选择，所以在没有选择扭曲的情况下不会产生超额负担。商品所得税具有的这种替代效应就是庇古所谓的“告示效应”①。

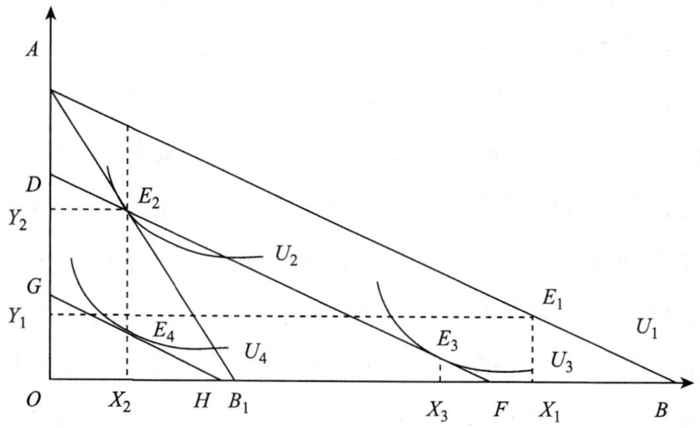

图 1.3 希克斯与约瑟夫理论对所得税与商品税的比较

以上假设劳动供给不变，在劳动供给可变的情况下，图 1.3 中的 E_1 可表示税前消费者选择的休暇与工作的组合，其中 OY_1 为休暇所得，而 OX_1 为工作的货币所得；E_2 表示对消费者工作获得的货币收入征收比例所得税后消费者的工作与休暇组合点；E_3 表示政府为获得与征收比例所得税相同的税收收入而对消费者征收一次总付税后消费者的工作与休暇的组合点。

① 郝春虹．税收经济学［M］．天津：南开大学出版社，2007：310.

可见，一次总付税使消费者处于更高的无差异曲线上，表明对消费者征收一次总付税会比征收比例所得税带来更少的福利损失。如果在消费者必须支付一定税额的情况下，从消费者获得最大福利的角度出发，与商品税相比，缴纳同样多的所得税带来更多的消费者福利；进一步地，与比例所得税相比，一次总付税带来更大的消费者福利。

其次，该理论分析了政府课税对消费和储蓄之间的选择组合影响。如果储蓄供给是可变的，如图 1.3 所示，纵轴代表储蓄，横轴代表消费，E_1表示政府征税前消费者对储蓄和消费的选择组合，此时，OY_1为储蓄量，OX_1为消费量；E_2表示政府征收商品税后消费者对储蓄和消费的均衡组合点；E_3则表示政府征收所得税或一次总付税后消费者的储蓄和消费组合。因此，无论政府征收所得税或一次总付税都将使消费者位于较高的无差异曲线上，从而与商品税相比可以给消费者带来更少的福利损失。所以，在对消费和储蓄的影响上，所得税和一次总付税要优于商品税。

二是莫格（Mague）的理论。希克斯和约瑟夫的理论是假定税收收入既定或者政府可以获得相同的税收收入，但是自凯恩斯革命以来，税收的功能已不再是单单为政府筹集财政资金，而是更多地体现了对收入的再分配功能。在这种情况下，希克斯和约瑟夫原来的消费和储蓄税收理论就有可能是不正确的。假定图 1.3 表示的是政府的征税行为对居民储蓄和消费行为的影响，且纵轴代表储蓄，横轴代表消费，那么，当政府对商品课征时，E_2为其均衡点，则 X_2X_1为政府征税带来的消费减少。当政府对所得征税时，E_3为其储蓄和消费的均衡点，则 X_3X_1为因政府征税而减少的消费效应。显然，X_3X_1小于 X_2X_1，这表明相较于政府对消费和所得征税而言，征收相同数量的税款下，课征税所得征税对消费下降的影响较小。因此，政府为了能够使所得税也对消费者的消费数量产生同等的降低效应就必须提高所得税，于是消费者的收入预算约束线就变为与原收入预算线平行的 GH 线，它与无差异曲线 U_4确定了新的最优组合点 E_4，无差异曲线 U_4低于 U_2，这表明该所得税给消费者带来了更大的福利。

三是费里德曼的理论。希克斯和约瑟夫的理论及莫格的理论都采用了局部均衡分析的方法，只考虑政府的征税行为对商品相对价格和消费者选择的影响，而忽略了厂商生产成本的变动。美国经济学家弗里德曼则采用较为全面的一般均衡分析法。一般均衡分析的方法可以同时考虑政府课税对生产厂商和消费者选择两个方面的影响。而且，一般均衡模型可以不受市场完全竞争条件的制约，并考虑到商品在边际成本递增条件下的生产情况，也没有税收收入恒定的假设要求。

假设生产商品 X 的成本（机会成本）为生产商品 X 而减少的其他商品的生产数量，则商品 X 的生产函数为边际生产成本递增型的，即在生产可能性边界不变的情况下，若要增加商品 X 的生产，如果边际技术替代率递增，则其他商品的生产须以递增方式减少。假如政府征收所得税，它没有对商品 X 与其他商品之间的消费和生产之间产生任何扭曲，因为所得税既没有改变商品 X 与其他商品之间的产品边际替代率 MRSXY（Y 代表其他商品），也没有改变商品 X 与其他商品之间的产品边际转换率 MRTXY，两者都仍然等于商品 X 与其他商品之间的价格比，即 MRSXY = MRTXY = PX/PY。但是，假如政府对商品 X 征收商品税，虽然政府也能够获得相同的税收收入，但会扭曲 MRSXY 与 MRTXY。因为，对于消费者来说，对商品 X 征收商品税会提高商品 X 相对于其他商品的价格，从而使得税后的商品 X 价格高于其边际生产成本，进而使得消费者的税后无差异曲线向下移动，即处于较低的效用水平，这降低了消费者的福利水平，不仅如此，该无差异曲线不再与生产转换曲线相切而是相交，从而产生了超额负担。上述分析表明，选择性商品税会导致消费在不同税负商品选择上的扭曲，产生了超额负担并造成了福利的损失，因此证明，所得税要优于选择性商品税。

四是李特尔（Little）的理论。李特尔认为无论是征收商品税还是所得税，劳动供给都应视为是可变的，不能假定为固定不变。因而李特尔分析了政府征收各种商品税和所得税对商品 X、其他商品或工作的 Y 商品及闲暇 Z 的影响。当政府对某些商品征收商品税时，相对于其他未课税商品的价格而言，商品税相对提高了课税商品的价格，造成了价格扭曲；而当政府征收所得税时，假设所得税的收入等于对两种商品按比例课征得的税收收入，则相对于劳动力市场的工资率而言，所得税同样会造成这两种商品价格的扭曲。例如，如果对商品 X 征收商品税，那么，该商品税将提高商品 X 的价格，从而改变商品 X 与商品 Y、闲暇 Z 之间的价格比；如果征收比例所得税，那么，虽然该比例所得税没有改变商品 X 与商品 Y 的价格，亦即商品 X 与商品 Y 之间的价格比并没有改变，但相对于劳动力市场的工资率来说，由于所得税改变了劳动者实际获得的工资水平，所得税也就改变了商品 X、商品 Y 与闲暇 Z 之间的价格比。进一步来说，对商品 X 征收商品税，由于改变了商品 X 与商品 Y 及闲暇 Z 之间的价格比，使得商品 X 与商品 Y、商品 X 与闲暇 Z 之间的边际替代率不再等于边际转换率。因此，对商品 X 课征商品税不是“最适税”。而若征收所得税，虽然对商品 X 与商品 Y 来说，由于所得税并没有改变两种商品之间的价格比，所以商品 X 与商品 Y 的边际替代率仍然等于边际转换率，但是，所得税改变了劳动力市场的实际工资率，所以商品 X 与闲暇 Z、商品 Y 与闲暇 Z 之间的边际替代率不再等于边际转换率。因此，所得税也扭曲了商品 X 与闲暇 Z、商品 Y 与闲暇 Z 之间的选择，故而所得税也不能认为是“最适税”。由此可见，无论是选择性的商品税还是所得税都会扭曲对上述 3 个市场中的两个市场的价格，因而，不能评定哪个税最适合。

五是克利特和黑格（Corlett & Hague）的理论。克利特和黑格最先把最优税收理论与闲暇需求之间的关系具体化。他们假定现已存在一种所得税，在政府取得相同的税收收入的条件下，如果政府通过提高对某种商品的征税，而相对降低对另一种商品的征税，那么，代表性消费者的福利水平将如何变化？克利特和黑格得出的结论是，如果这种边际变化减少了代表性消费者的闲暇，那么该代表性消费个体的福利水平就会相应提高。并且，如果把那种与闲暇互补性较大的商品的税率提高，则税收的边际变化可能会使代表性消费者占有的闲暇减少，从而使得该商品税类似于对闲暇课征的一种间接税。克利特和黑格的理论指出，若假定生产价格是固定不变的，劳动需求曲线面对工资率 w 时具有完全弹性，则当政府以税率 τ_w 对所得征税时，劳动供给者获得的价格 $w(1-\tau_w)$ 将低于劳动的需求价格 w，如果将这一税收视为唯一存在的课税，于是产生了超额负担。但是，如果所得税制的边际变化引起劳动供给曲线扩张性移动，则劳动供给增加获得的边际价值为 w ，而供给劳动的机会成本仅是 $w(1 - \tau_w)$ ，于是该过程引起的边际价值的增加大于边际成本的增加，由于完全弹性的假定，这是唯一被扭曲的市场，所以也成了从边际变动中获得福利的唯一来源。相反，如果政府征税后导致劳动供给减少，则会使社会整体福利下降。增加对那些与闲暇互补性较强的商品的征税，会同时减少消费者对这种商品及闲暇的需求，从而引起劳动供给曲线向外的扩张性移动，这将使社会福利增加。

1.3.3 人口老龄化背景下的税制问题研究综述

目前，与人口老龄化相关的税收改革研究相对较少。国外的相关研究主要有：Sabine Jokisch 与 Laurence J. Kotlikoff（2005）通过建立带生命周期的动态一般均衡模型来研究美国人口老龄化与税制改革。研究指出，美国需要提高工资税才能满足由人口老龄化所带来的医疗和养老保障支出的增加。但这会对美国经济造成不利的影响。为应对上述问题，他们提出了以一种宽税基的累进消费税来替代目前所有联邦税的设想，即取消联邦所有税种，包括公司所得税、工资税、赠予税、财产税。该累进消费税以联邦销售税加上返利的形式来征收。该税收政策被称为公平税或完美税（FairTax）。根据他们的模拟结果，如果采用公平税将会使美国的资本存量加倍，实际工资将上涨 19 个百分点。同时，模拟结果显示，公平税会提高社会中最贫困人群的福利。具体而言，老龄贫困人口的福利会提高 13 个百分点，中产阶级的福利会增加 2 个百分点，而最富阶层的福利则会下降 1 个百分点。其中，婴儿潮时期出生的人口中，低收入人口的福利会增加 8 个百分点，而中等收入和高收入人口的福利不变。对婴儿潮以后出生的人口而言，则所有收入阶层的福利都会提高①；Yukio Noguchi（1992）首先

① Sabine Jokisch, Laurence J. Kotlikoff. Simulating the Dynamic Macroeconomic and Microeconomic Effect of the Fair Tax [R]. NBER Working Paper, 11858.

指出了日本 1949 年 Shoup 税制改革后日本税制结构中呈现出税收严重依赖于直接税（特别是个人所得税和企业所得税）而增值税缺失的现状。进而以日本人口老龄化程度不断加重为背景，对日本是否应该增加消费税的比重进行了分析。他指出，随着日本人口老龄化程度的日益加重，日本社会保障税占国民收入比重的不断升高是日本宏观税负不断增加的主要原因。而且日本的“现收现付制”养老保障体系不能满足日本未来的养老保障需求。为此，他以增加财政收入以满足日本不断增加的养老保障需求为出发点，比较了增加消费税和增加所得税对经济增长的影响。通过代际账户核算（1985—2020 年），结果表明，假设日本维持现有保障体系不变，日本的税制改革应确保“中性”，鼓励储蓄。由于消费税对储蓄豁免，因而有利于提高储蓄率。但如果以增加消费税来满足未来日本财政收入的不足，则消费税大致应占到国民收入的 5. 3%。假设税负由工作人口和退休的老年人共同负担，则工作人口负担率为 0. 69，而退休老年人负担率为 0. 31。Akira Okamoto（2004）以日本人口老龄化为背景，应用动态一般均衡模型，比较了日本对不同税基征税的经济效应。Akira Okamoto 的模型框架是以 Auerbach 和 Kotlikoff（1983a）带生命周期的一般均衡模型为基础，并在模型中引入了不确定寿命和非意愿遗赠，同时，假设社会养老保障体系是为“现收现付制”而构建的。Akira Okamoto 以日本 2000—2025 年的人口预测数据为基础，通过赋值模拟比较分析了对消费、资本、劳动征税的经济效应。模拟结果显示，总体上日本人口老龄化会对资本积累造成负面影响，但如果改革现行税制，即减少资本所得税、增加消费税，则可以抵消部分负面影响①；Randall S. Jones（2009）介绍了韩国应对人口老龄化的税制改革经验。Randall S. Jones 指出，人口老龄化从宏观税负和税制结构两方面影响了韩国的改革方向。首先，随着韩国人口老龄化程度的加重，韩国社会保障资金占国民收入的比重不断升高，这加重了韩国的宏观税负。而研究表明，韩国的宏观税负每增加 1 个百分点，经济增长率就会下降

① Akira Okamoto. *Tax Policy for Aging Societies Lessons from Japan* [M]. Japan：Nihon Hicom, 2004.

0.3 个百分点。因而由人口老龄化带来的宏观税负的增加不利于韩国的经济增长。其次，从税制结构看，个人所得税比重的增加会减少劳动供给，而企业所得税比重的增加则不利于资本的积累。为此，2008 年后韩国对其税制结构进行了一系列的改革。改革的政策主要有：降低公司所得税的法定税率，降低个人所得税中工资薪金所得的边际税率，在适度提高增值税税率的同时归并税收优惠政策以保证增值税“中性税”的特质，以提高消费税税率和增加消费税税目的手段来提高商品劳务税占税收总额的比重[①]。Susan St. John（2014）通过对比新西兰企业年金的 TTE 模式和欧洲其他国家企业年金中 EET 模型发现，新西兰 TTE 计征模式，更有利于提高新西兰的储蓄率。Tetsuo Ono（2004）通过引入外生环境和不确定性寿命，扩展了两期世代交叠模型。结果表明，形成人口老龄化的两个主要原因（寿命延长和低生育率）对环境税和环境质量的影响不同。寿命的延长对环境税没有影响，但是对环境质量有负面影响。低生育率对环境税有负面影响，但是对环境质量有正向影响。Craig Brett[②]（2011）研究指出，人口增长率的下降导致人口老龄化和退休人口单位消费相对价格上升，这一趋势降低了最优消费。然而，结果表明最优收入税的边际税率与人口增长无关。此外，当人口增长率下降时，稳态利率明显下降，这会导致生产的调整，且对平均工资增长率有明显的影响。Craig Brett 把影响平均工资增长率的因素归结为：人口老龄化时，退休人口的消费相对平稳，由于产出中资本和劳动的替代，劳动力减少引致生产对资本深化的依赖。而工资的增长会对稳态时的消费和产出造成影响，其中，低技能的工人相对高技能的工人，消费变动的绝对值更小。Ross Guest（2003）应用跨 CGE 模型，对澳大利亚因人口老龄化而引发的财政压力进行了分析。结果表明，因人口老龄化引发的财政补贴的社会净损失（Deadweight Loss）相当于 2003 年每人损失

---

① Randall S. Jones. Reforming the Tax System in Korea to Promote Economic Growth and Cope with Rapid Population Ageing [R]. OECD Working Paper, 2009: 12.

② Craig Brett. The Effect of Population Aging on Optimal Redistributive Taxes in An Overlapping Generation [J]. *Int Tax Finance*, 2012: 777-799.

了260美元的消费。而税收平滑可以使损失降到70美元。

国内相关研究有：杨默如、李平（2008）从支持老龄产业发展、加强养老保障角度提出了加大促进老龄事业发展的税收优惠力度，以税收优惠政策推动企业年金制度和个人养老储蓄计划等一些具体的税收政策①；付伯颖（2010）介绍了韩国应对人口老龄化的税制改革措施②。

从国外的研究来看，多数研究以数理模型模拟为主要研究方法，并通过对模型的参数进行赋值以得出人口结构变化下相关税种、税率变动对经济增长和社会福利的影响。采用模型分析的优点在于，其具有理论上的指导作用；而缺点在于，模型参数的选择、模型条件的设定都会对分析结果产生一定的影响，这也造成了分析结果的不确定性。

1.4 研究的目的、方法、思路、创新与不足

研究目的。虽然人口老龄化对经济增长的影响在学术界仍有争论，但多数学者认为人口老龄化对经济有负面影响。近年来，学界从消费、储蓄率、劳动生产率、人力资本形成以及养老保障制度等方面，对我国人口老龄化问题进行了不断深入的研究。研究表明，人口老龄化作为一个经济影响因素，与消费、储蓄、劳动生产率等合力作用于经济社会，这也表明人口老龄化对经济增长的影响相当复杂。因此，多数学者通过数理或计量模型来分析人口老龄化对影响经济增长的某个变量（如消费、投资等）的影响。随着研究的深入，被引入的变量也不断增加和层叠。但总体而言，目前学界对人口老龄化下税制改革趋向的研究相对较少。因此，本书以我国人口老龄化进程不断加快为背景，以经济增长为主线，通过模型分析和对比分析，从人口老龄化角度来分析人口结构变动对税制演进的影响。

研究的方法有历史分析法、比较分析法、规范分析法、动态可计算一

① 杨默如，李平．积极应对人口老龄化的税收政策研究［J］.税务研究，2008（5）.

② 付伯颖．韩国应对人口老龄化的税制改革与借鉴［J］.地方财政研究，2010（7）.

般均衡的数值模拟分析方法。

研究的基本思路：

第 1 章，以我国人口老龄化为主要背景，对我国目前的经济形式和未来经济发展中可能面对的问题作了简要分析。分析表明，我国经济发展进入“新常态”后，由于经济增速的放缓，可能会使我国未来的经济发展面临“人口老龄化陷阱”与“中等收入陷阱”的叠加。以此为背景，并结合我国深化财税改革的总体目标，说明了本书的选题背景、研究意义和研究思路。

第 2 章，通过对比世界人口老龄化进程的一般趋势，分析指出了我国人口老龄化进程中具有的独特性和成因。人口老龄化是世界人口结构演进的一般趋势。由于我国计划生育政策的长期推行，我国人口老龄化中表现出老龄化进程快、老年人口总量大、老年人口高龄化等特质。

第 3 章，以人口老龄化导致人口结构变动为出发点，分析了人口结构变动对宏观税负和税制构成产生的影响。从宏观税负角度看，老年抚养比的快速上升引致社会保障税费快速增长，在其他条件不变的情况下是引起宏观税负水平整体上升的主要原因。从税制构成来看，税基是税制构成的基础。理论上，一国税收最终课征于劳动、资本和消费三大税基。人口老龄化背景下，劳动力供给的相对和绝对减少直接对劳动税基造成了影响，而从生命周期理论出发，劳动人口与被抚养人口结构的相对变动又对消费和储蓄的结构与规模造成了影响，进而影响到消费和资本税基。因此，本章主要从宏观税负和税基两个方面分析了人口老龄化对税制演进的作用机理。

第 4 章，依据上一章人口老龄化对税制演进影响机理的分析，分析了人口老龄化对我国宏观税负水平和税基的影响。

第 5 章，在 Solow 模型中将总人口区分为工作人口和退休人口两个部分，并假设政府以固定税率不加区分地对产出征税（代表宏观税负水平）。模型结果显示，在稳态下人口老龄化程度与宏观税负水平相关，且从模型假设的宏观税负构成上来看，养老保障税费与一般税收存在此消彼长的关系。但人口老龄化程度对产出的影响不确定，即如果退出生产的老年人口所让渡出的资产能被经济体充分利用，则会对单位人均有效资本的积累起到促进作用，但其作用的大小受宏观税负水平的影响。基于以上分析，本书通过对人口老龄化程度相对较重、税制相对成熟的OECD国家的宏观税负变动历程进行考查，分析得出宏观税负总体上对经济增长有负面影响。因此，OECD国家在保持宏观税负总体水平稳定的情况下，普遍降低了一般税负水平，而加重了社会保障税负水平的宏观税负演进趋向。

第6章，在内生储蓄率的拉姆齐模型中引入人口结构和税收变量来分析人口老龄化（模型中用寿命延长作为人口老龄化的代表变量）对税制构成的相关影响。模型结果显示，在科学技术水平不变的条件下，对资本、劳动和消费税基的增税都会降低经济增长的效率。而在其他税不变的条件下，对消费征税降低了未来消费的相对价格，使人们更倾向于对未来的消费，有利于储蓄。在其他税不变的条件下，提高劳动工资税率会减少储蓄。由于OLG模型人口异质的特点，本书进一步构建了六期的跨期迭代模型，并选取我国数据对模型进行了动态模拟。结果表明，相较于对资本、劳动和消费征税而言，其对经济增长负向影响的大小可表示为对资本征税>对劳动征税>对消费征税。在理论分析的基础上，本书对人口老龄化程度相对较重、经济发展水平相对较高的OECD国家近年来税制结构的变动与我国近年来税制结构的变动进行了比较分析。分析中发现，如果一国税制结构中以增值税为主的商劳务税的比重越高，其实际GDP的增长率也就越高。这表明增值税“中性税”的优良特质，辅之以具有一定累进支出税特征的消费税、环境税等，有利于提高一国的经济效率。

第7章，在结合以上研究结论的基础上，对我国人口老龄化背景下税制改革的趋向提出一些建设性的建议。

目前国内学者从人口年龄化对消费、投资、储蓄等方面的影响研究较多。此外，更多的研究集中于人口老龄化对社会保障带来的压力，而对人口老龄化与税制关系的研究相对较少。因此，本书可能在以下两个方面有一定的创新：一是本书不同于其他多数关注宏观税负或税制结构对经济增长影响的研究，而是从人口结构变动的角度分析了税制演进的一般趋势；二是以往对税制选择效率的研究成果在一定程度上忽略了人口结构因素这一变量，而本书的研究以效率为中心，以人口结构变动为重要影响因素。

本书的不足及后期研究方向：应用计量经济方法对人口结构变动而引致的税制变动作进一步分析。

2 我国人口老龄化现状与进程

人口老龄化是世界人口结构演进的普遍规律。随着我国经济的发展、人民生活水平的提高、医疗卫生条件的改善，我国人口的平均寿命也相应延长，这成为我国人口老龄化的成因之一。而长期以来我国对生育政策的干预，在一定程度上导致了我国在人口老龄化进程中表现出人口老龄化进程快、老年人口高龄化、地区间差异大、性别比失衡和人口老龄化与经济发展不协调的特点。

2.1 对人口老龄化的界定与世界人口老龄化现状

2.1.1 对人口老龄化的界定

在人口学界，人口老龄化（Population of Aging）一般是指在一国人口结构中老年人口数占比不断增加的人口结构演进趋势。也有其他学者指出，人口老龄化是指人口中位年龄的提高。1986 年我国出版的《人口学辞典》一书中将人口老龄化定义为："人口中老年人比重日益提高的现象，尤指已达年老状态的人口中老年人比重继续提高的过程。"联合国根据世界著名人口学家、法国国立人口所所长皮撤（B. Pichat）在 1957 年为联合国经济和社会理事会撰写的《人口老龄化及其社会经济后果》一书，及 1982 年维也纳老龄问题世界大会会议形成的一般看法，认为人口老龄化有两种界定方法：一是指老年人口所占比例不断上升的趋势；二是指社会人口结构呈老年化。总体上，对于人口老龄化的界定，其中心是指人口结构的老龄化过程，是一个人口结构变化的动态表现，不能简单等同于老年人口数量多，而是一个与生育率、劳动人口占比等相联系的整体概念。

国际上对人口老龄化的度量指标通常有两种：一是一国或地区65岁及以上人口占总人口的比重达到7%；二是60岁及以上人口占总人口的比重达10%，即认定为老龄化社会。根据全国老龄工作委员会办公室官方网站发布的《中国人口老龄化发展趋势预测研究报告》，我国于1999年进入老龄化社会。而中国国家统计局发布的《中国2000年人口普查资料》中的数据显示，2000年我国60岁及以上人口占总人口的比重为10.45%，65岁及以上人口占总人口的比重为7.09%①，从上述度量指标看，2000年我国正式进入老龄化社会。

2.1.2 世界人口老龄化现状

目前，人口老龄化已经成为世界人口结构演进的共同趋势。联合国的《世界人口展望2015年版》(*World Population Prospects*: *The* 2015 *Revision*)数据显示，1950—2010年，全球人口中60岁及以上人口占总人口的比重总体呈不断上升趋势。全球60岁及以上人口占总人口的比重，从1950年的7.99%上升到2010年的11.06%，65岁及以上人口占总人口的比重由1950年的5.08%上升到2010年的7.67%。从经济发展水平看，较发达国家及地区的人口老龄化程度重于欠发达国家及地区，而欠发达国家及地区的人口老龄化程度重于最不发达国家及地区。1950—2010年，较发达国家及地区60岁及以上人口的增长率平均为5.47%，其中2010年增长率为8.3%。而同期，欠发达国家及地区60岁及以上人口的增长率平均为2.79%，其中2010年的增长率为7.78%。可见，近年来，欠发达国家及地区人口老龄化的进程明显加速，大有超过较发达国家及地区的趋势。

① 以上数据来源于国家统计局网站，www.stats.gov.cn，根据《中国2000年人口普查资料》计算得出。

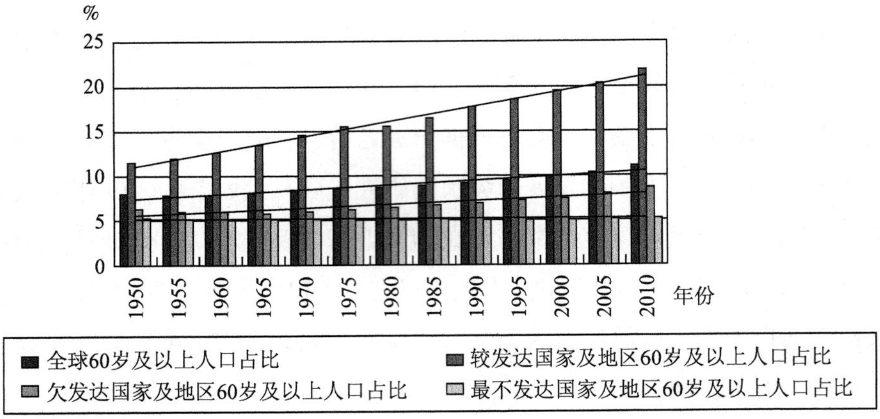

图 2.1　1950—2010 年全球及分地区 60 岁及以上人口占总人口的比重

数据来源：根据联合国官网（http：//esa. un. org/unpd/wpp/Excel－Data/population. htm）计算得出。

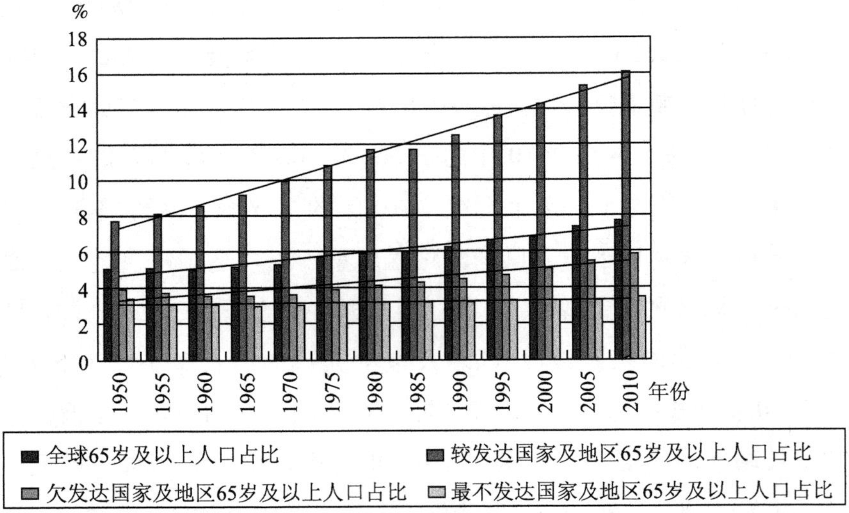

图 2.2　1950—2010 年全球及分地区 65 岁及以上人口占总人口的比重

数据来源：根据联合国官网（http：//esa. un. org/unpd/wpp/Excel－Data/population. htm）计算得出。

由图 2.1 可见，1950—1980 年，欠发达国家及地区 60 岁及以上人口增长率平均为 0.41%，增长率最高年份的数值为 4.35%（1955—1965 年，增长率为负)。而 1981—2010 年，欠发达国家及地区 60 岁及以上人口的平均增长率为 5.16%，较上一期间增长速度明显加快。同时，1981—2010 年，欠发达国家及地区与较发达国家及地区 60 岁及以上人口的平均增长率仅相差0.3 个百分点。而 2010 年，欠发达国家及地区与较发达国家及地区 60 岁及以上人口的增长率相差 0.17 个百分点。可见，近年来，欠发达国家及地区的人口老龄化进程要明显快于较发达国家及地区。

相对而言，1955—2010 年，最不发达国家及地区 60 岁及以上人口的平均增长率较小，为 0.12%，其中 2010 年的增长率也仅为 1.73%。总体上看，人口老龄化已经成为世界人口发展趋势，且老龄化程度与经济发展水平有着密切的联系。

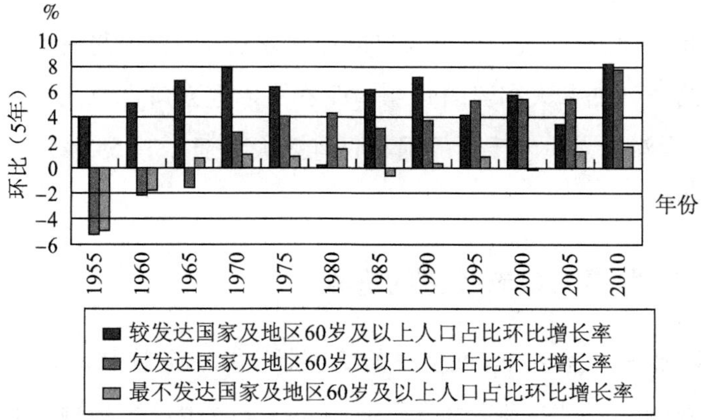

图 2.3　1955—2010 年全球及分地区 60 岁及以上人口占总人口比重的增长率

数据来源：根据联合国官网（http://esa.un.org/unpd/wpp/Excel-Data/population.htm）计算得出。

根据中国国家统计局网站的国际统计数据，2011 年，世界范围内 65 岁及以上人口占比超过 7%的国家中，亚洲有 12 个国家及地区（其中包括中国香港、澳门、台湾等），占亚洲国家及地区的 24%（其中部分国家数据暂无），其中日本最高，为 23.39%。非洲仅有毛里求斯一国 65 岁及以上人口占比达到 7.16%。与之相反，欧洲仅阿塞拜疆一国 65 岁及以上人口占比小于7%（为6.43%），其他国家均高于7%（安道尔、列支敦士登、圣马力诺等7国暂无数据），其中德国最高，为20.59%。拉丁美洲有13个国家超过7%，占拉丁美洲国家的26.53%（其中开曼群岛等17国数据暂无）。北美洲国家中除格陵兰等3国数据暂无外，其他国家均高于7%。大洋洲有3个国家占比超过7%（其中有13国数据暂无）。在剔除暂无数据的国家后，亚洲各国65岁及以上人口占总人口的比重平均为5.62%，非洲为3.50%，欧洲为15.31%，拉丁美洲为7.22%，北美洲为12.53%，大洋洲为6.50%。其中人口人在1千万人以上的国家中，65岁及以上人口占总人口的比重超过了7%的国家中，亚洲有6个，占其中的20%。非洲人口千万以上的国家中65岁及以上人口占总人口的比重没有超过7%的国家。欧洲人口上千万的国家有14个，这14个国家中65岁及以上人口占总人口的比重均超过了7%。拉丁美洲人口上千万的国家有13个，其中有4个国家中65岁及以上人口占总人口的比重超过了7%。北美洲人口上千万的国家有两个（加拿大和美国），其65岁及以上人口占总人口的比重均超过了7%。大洋洲人口上千万的国家只有澳大利亚，其65岁及以上人口占比为13.69%。

2.1.3 世界人口老龄化的进程

根据联合国《世界人口展望（2015年版）》（*World Population Prospects: The 2015 Revision*）对中等生育率下世界人口年龄中位数的预测来看，世界人口的年龄中位数，到2100年将达到41.2岁，其中较发达地区的人口年龄中位数将达到46.3岁，欠发达地区的人口年龄中位数将达到40.6岁，最不发达地区的人口年龄中位数将达到35.9岁，而包括中国在内的欠发达地区的人口年龄中位数将达到39.8岁。

从地理区域来看，预计2100年的人口年龄中位数，非洲为34.9岁，其中北非的利比亚与西非的佛得角最高，为50岁。亚洲年龄中位数将达到45.4岁，其中东亚的中国香港、日本、韩国的中位数将超过50岁；东南亚的马尔代夫、新加坡、泰国的中位数将超过50岁，新加坡为最高，人口年龄中位数将达到56.4岁；西亚的巴林群岛、黎巴嫩、卡塔尔、阿拉伯联合酋长国的人口年龄中位数超过 50 岁。预计到 2100 年，欧洲的人口年龄中位数将达到 46.8 岁，其中海峡群岛、黑山共和国、葡萄牙、西班牙、德国的人口年龄中位数将超过 50 岁，而拉丁美洲、中美洲、南北美洲国家的人口年龄中位数将分别达到 48.1 岁、48.3 岁、48.2 岁、44.6 岁。大洋洲的人口年龄中位数将达到 44.1 岁，且该地区各国的人口年龄中位数没有超过 50 岁的国家。就总体趋势而言，世界人口年龄中位数呈不断升高的态势，其中发达地区的年龄中位数增长相对平稳，欠发达地区的年龄中位数增长较快，而最不发达地区的年龄中位数增长最快（这与该地区基期人口中位年龄较低有关）。

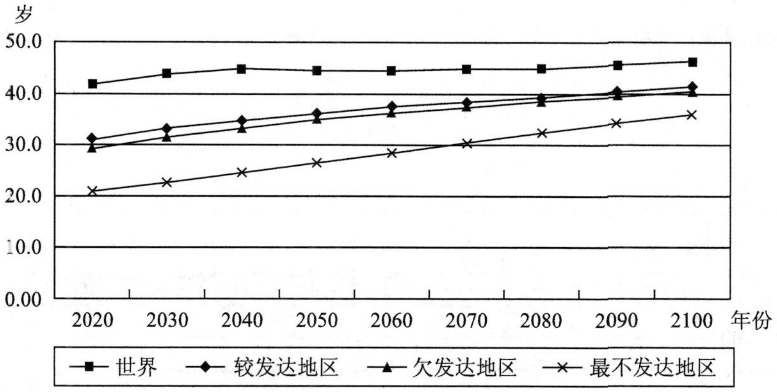

图 2.4　世界人口年龄中位数 2020—2100 年预测变化趋势

数据来源：根据联合国官网（http：//esa. un. org/unpd/wpp/Excel-Data/population. htm）整理得出。

另据联合国中等生育率下分年龄人口预测数据，2015—2100 年，0~20 岁年龄组的人口变动比较平缓，几乎呈水平状态；20~39 岁年龄组的人口变动趋势也相对平缓，其在 2055 年前呈平缓上升趋势，2055 年后趋于水平状态；40~59 岁年龄组和 60~69 岁年龄组的人口变动相对较大，其变动呈“稻穗”状，2055 年前上升速度较快，2055 年后上升速度趋于平稳；而 70~100 岁年龄组人口的变动最大，其一直呈快速上升趋势（见图 2.5）。

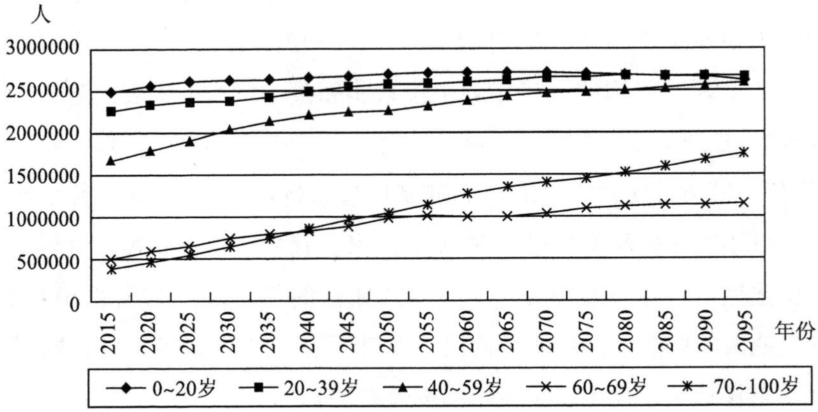

图 2.5　2015—2100 年世界人口分年龄组人口预测变动

数据来源：根据联合国官网（http：//esa. un. org/unpd/wpp/Excel－Data/population. htm）计算得出。

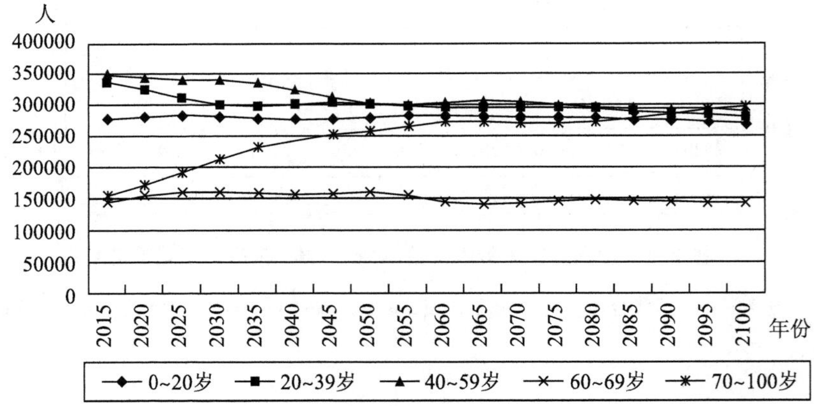

图 2.6　2015—2100 年较发达地区人口分年龄组人口预测变动

数据来源：根据联合国官网（http：//esa. un. org/unpd/wpp/Excel－Data/population. htm）计算得出。

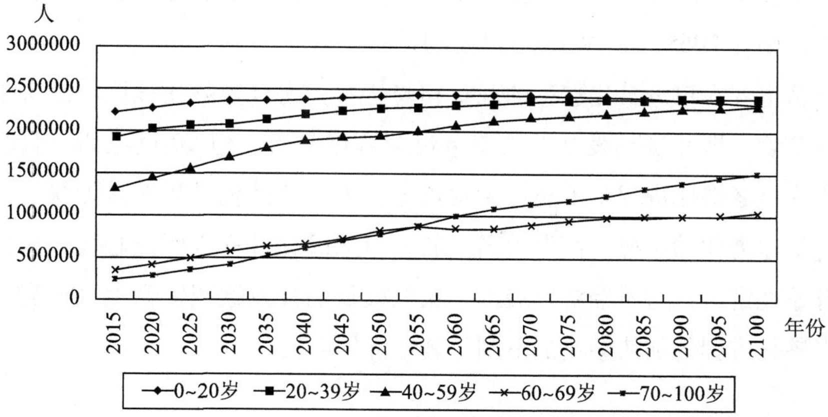

图 2.7　2015—2100 年欠发达地区人口分年龄组人口预测变动

数据来源：根据联合国官网（http：//esa. un. org/unpd/wpp/Excel－Data/population. htm）计算得出。

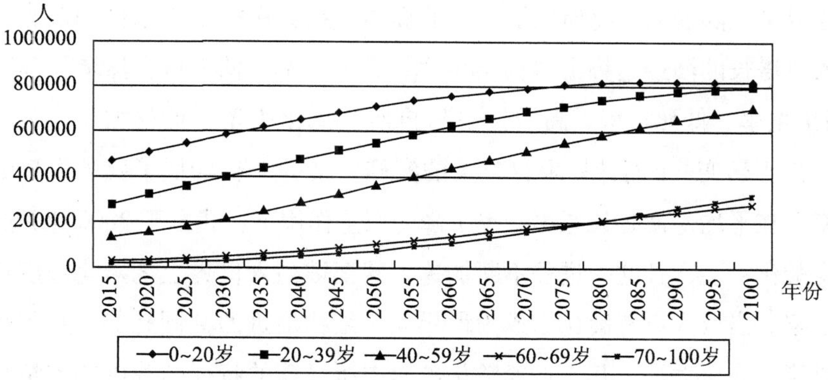

图 2.8　2015—2100 年欠发达地区人口分年龄组人口预测变动

数据来源：根据联合国官网（http：//esa. un. org/unpd/wpp/Excel－Data/population. htm）计算得出。

根据联合国分年龄人口预测数据看，较发达地区除 70～100 岁年龄组的人口变动在 2045 年前增长较快，其后相对趋于平稳外，其他各年龄组的人口变动都相对平缓。欠发达地区 60～69 岁年龄组的人口变动呈平稳增长趋势，而 70～100 岁年龄组人口则呈较快增长趋势，其他年龄组人口变动趋于平稳。最不发达地区各年龄组人口都呈较快增长的态势，但 0～20 岁年龄组人口和20~39岁年龄组人口的增长速度在2065年前后开始下降，而老龄人口则在2065年后进入快速增长时期。

从世界人口老龄化进程的现状和趋势看，人口老龄化程度与经济水平关系密切，即经济越发达，人口老龄化程度越重。但20世纪80年代后，世界人口老龄化进程中出现了欠发达地区人口老龄化进程明显加快、人口结构加速老化的状况，而发达国家的人口老龄化进程则明显趋缓，人口结构开始稳定。这对于经济发展水平相对较低的欠发达国家和地区而言，人口老龄化进程的加快会更加不利于其经济的增长。

2.2 我国人口老龄化的特点

中国是世界第一的人口大国，也是老年人口数量最多的国家。新中国成立以来，随着人民物质生活水平的提高和社会医疗卫生条件的改善，我国人口增长的演进趋势由“高出生率、高死亡率、低人口自然增长率”向“高出生率、低死亡率、高增长率”再向“低出生率、低死亡率、低增长率”发生转变①。而计划生育政策的实施，又进一步降低了我国人口的出生率，在平均寿命延长与出生率下降的双重作用下，我国于2000年正式进入老龄化社会，且这一进程不断加速，甚至被列入世界上老龄化速度最快的国家。当今人口老龄化已成为世界人口结构演进的共同趋势，我国作为世界第一人口大国，其人口老龄化进程中所呈现的特征与我国的国情息息相关。相较于西方发达国家，由于我国人口基数大、计划生育政策的长期推行、经济快速增长带来的人民生活水平的快速提高、城乡二元经济结构长期得不到扭转等原因，我国人口老龄化进程中表现出老年人口总量庞大、老龄化速度快、区域分布不均衡、高龄人口占比大、人口老龄化进程与经济发展水平不协调等特点。

---

① 张桂莲，王永莲. 中国人口老龄化对经济发展的影响分析［J］. 人口学刊，2010（5）：48.

2.2.1 老龄人口总量大、进程快

（1）我国老龄人口绝对数居世界之首。我国是世界上第一人口大国，人口总量约占世界人口总量的1/5，庞大的人数基础决定了我国老龄人口的绝对量也居世界之首。2010年，我国65岁及以上老年人口占世界老年人口的21.73%，占亚洲老年人口的40.07%[①]。2013年，我国65岁及以上人口占世界老年人口的22.74%，较之前有了进一步的提高[②]。印度是仅次于中国的人口大国。根据国家统计局网站的国际统计数据，2012年，印度总人口为1236686732人，65岁及以上人口约为64307710人，其占总人口的比重为5.2%。而我国第六次人口普查数据显示，2010年，我国65岁及以上人口为118891224人，65岁及以上人口占比为8.92%，约为2012年印度65岁及以上人口的1.85倍。

与世界其他国家相比，2012年我国65岁及以上人口约为日本的4.08倍、韩国的21.53倍、英国的11.65倍、德国的7.49倍、法国的11.08倍、阿根廷的28.57倍、墨西哥的16.81倍、巴西的8.78倍、加拿大的24.68倍、美国的2.97倍、澳大利亚的40倍。

（2）老龄化进程快。与世界人口老龄化进程相比，我国人口老龄化进程相对较快。国家统计局第六次全国人口普查数据显示（2010年），我国总人口为1332810869人，60岁及上人口达177558506人，占总人口的比重为13.32%，其中65岁及以上人口为118891224人，占总人口的8.92%。与第五次人口普查相比，10年间，我国60岁及以上人口增加了47580636人，占比提高了2.68个百分点，65岁及以上人口增加了30617202人，占比提高了1.82个百分点。以第六次人口普查数据推断，我国60岁及以上老龄人口的比重将以年均近3.2个百分点的速度增长。预计2001—2020年，我国每年平均将有596万人进入老龄期（60岁以上），大约到21世纪40

---

① 刘平．人口老龄化对中国经济增长的影响研究［D］.济南：山东大学，2013：43.

② 以上数据根据中国国家统计局网站。《中国统计年鉴2014》与“国际数据”部分计数得出。但由于国家统计局对人口的统计以万人计算，其数值与“六普”数据相比有一定的出入。

年代，人口老龄化程度将达到顶峰。到 2030 年前后，我国 60 岁及以上的老龄人口预计将增至 4 亿人左右，相当于现在欧盟 15 国人口的总和。到 2050 年，我国 60 岁和 65 岁及以上老龄人口数将分别达到 4. 5 亿人和 3. 35 亿人，这意味着每 3 个人中就有一个是老年人。

与发达国家相比，我国的人口老龄化进程速度惊人。作为一个发展中国家，我国 65 岁及以上老年人口的比重从 7%上升到 14%仅用了 25 年的时间，而法国用了 156 年，美国用了 66 年，而人口老龄化程度较为严重的日本也用了 33 年。

从增速来看，我国 65 岁及以上人口的增长率在 1990 年后就超过了世界平均水平，更远高于欠发达国家水平。而 1995 年后，我国 65 岁及以上人口的增速逼近较发达国家水平（见图 2. 9）。

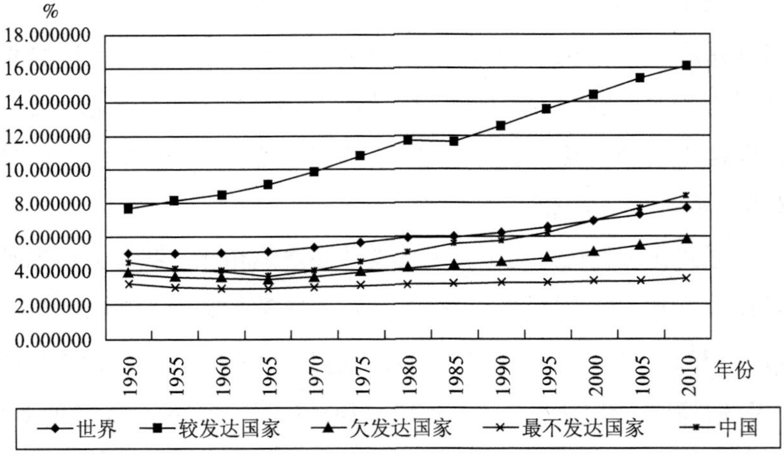

图 2. 9　1950—2010 年 65 岁及以上人口占比

数据来源：*World Population Prospects*：*The 2015 Revision.*

与亚洲其他主要国家相比，2010 年，我国 65 岁及以上人口占总人口比重高于印度和越南，与泰国基本持平，但 2010 年后我国的增长速度超过了泰国。与日本和韩国相比，虽然我国的比重远低于日本、韩国，但从老龄人口的增长趋势看，我国 65 岁及以上人口占比的增长速度仅次于日本（见图 2. 10）；与欧洲主要国家相比，我国 65 岁及以上人口的比重虽然远低于欧洲国家，但 2006 年后，我国的这一比重增长速度均快于以上国家（见图 2.11）；与拉美主要国家相比，我国人口老龄化水平不是很高，但进程快于拉美国家（见图 2.12）；与美国、加拿大、澳大利亚等国相比，我国 65 岁及以上老年人口占比低于以上国家，但增长速度快于以上国家（见图 2.13）。

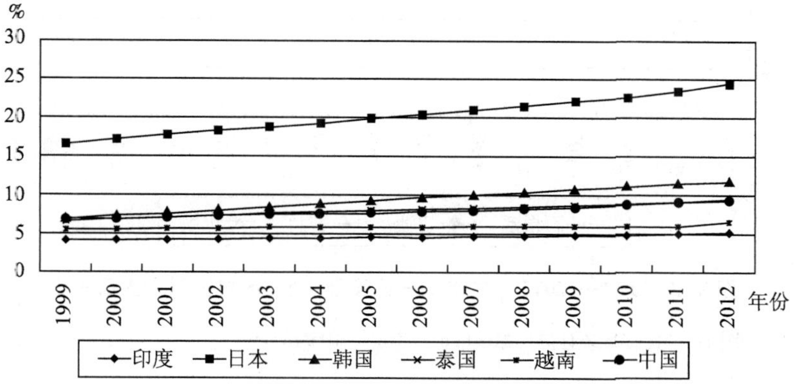

图 2.10　1999—2012 年亚洲部分国家及中国 65 岁及以上人口占比

数据来源：中国国家统计局网站，http：//www.stats.gov.cn.

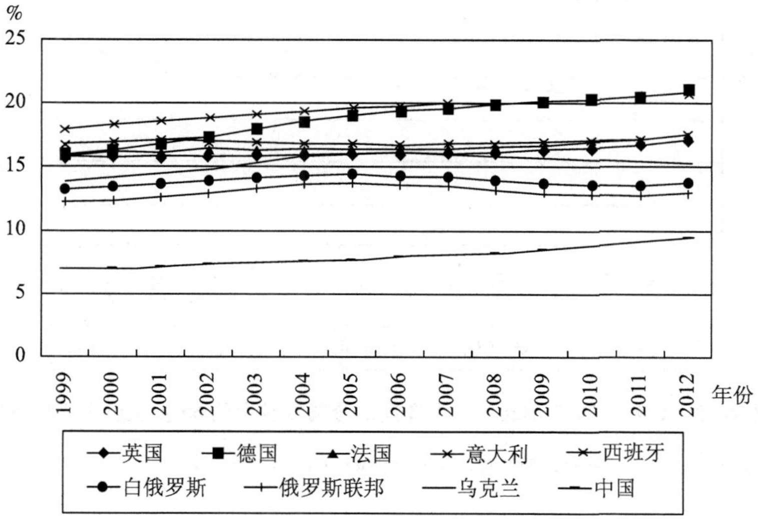

图 2.11　1999—2012 年欧洲部分国家及中国 65 岁及以上人口占比

数据来源：中国国家统计局网站，http：//www.stats.gov.cn.

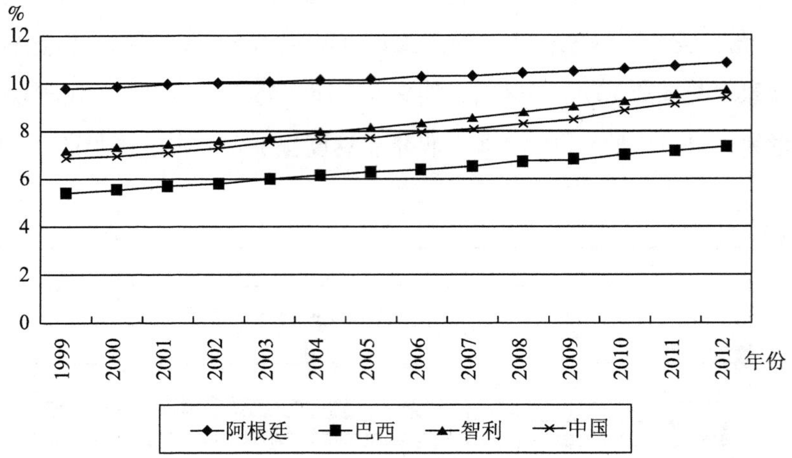

图 2.12 1999—2012 年拉美部分国家及中国 65 岁及以上人口占比

数据来据：中国国家统计局网站，http：//www. stats. gov. cn.

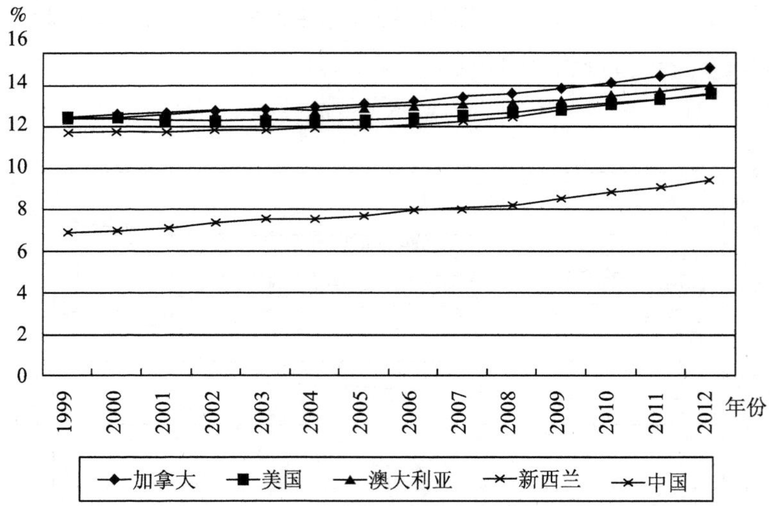

图 2.13 1999—2012 年北美和大洋洲部分国家及中国 65 岁及以上人口占比

数据来据：中国国家统计局网站，http：//www. stats. gov. cn.

可见，虽然我国的人口老龄化程度比以上国家都轻，但近年来我国人口老龄化进程速度较快。根据 IMF 公布的世界各国人均 GDP 数据，2014

年，我国人均 GDP 为 7572 美元，居世界第 80 位，不但低于发达国家，且低于拉美等发展中国家。2014 年，巴西人均 GDP 为 11067 美元，高出我国 3495 美元，阿根廷为 12778 美元，高出我国 5206 美元，智利为 14911 美元，高出我国 7339 美元。从经济水平来看，由于我国经济发展水平相对较低，我国人口老龄化程度明显低于以上国家。而从我国人口老龄化的速度来看，虽然我国的经济发展水平低于以上国家，但近年来我国人口老龄化的速度却快于以上国家。

2.2.2 老年人口高龄化

依照国际惯例，通常将 60~69 岁的老年人口定义为低龄老年人口，70~79 岁的老年人口定义为中龄老年人口，而 80 岁及以上的老年人口则被称为高龄老年人口。在人口学中，通常采用 80 岁及以上人口所占的比重作为人口高龄化的衡量指标。根据全国第五次和第六次人口普查数据，2010 年我国 80 岁及以上人口占 60 岁及以上人口的比重从 9.23%上升到 11.8%，上涨了 2.57 个百分点。2000—2010 年，我国 60 岁及以上人口数上涨了 36.6%，而 80 岁及以上人口数上涨了 74.74%。

结合联合国《世界人口展望（2015 年版）》（*World Population Prospects: The 2015 Revision*）的数据，我国 80 岁及以上高龄人口占 60 岁及以上人口的比重，虽然低于发达国家的水平，但从近年来我国高龄人口占比的增长速度上看，我国在世界范围内是较高的。1950—2010 年，世界高龄人口占比上涨了 7.16 个百分点，较发达国家及地区上涨了 11.06 个百分点，欠发达国家及地区上涨了 5.05 个百分点，而我国上涨了 8.08 个百分点。可见，我国老年人口高龄化速度不但高于世界水平，且增速趋近于较发达国家的水平。

通过对比联合国中等生育率下 2015—2100 年的预测数据，从我国与世界其他国家及地区高龄人口比重的增长率来看，我国未来人口的高龄化进程明显加速。根据预测数据，2015—2100 年，我国高龄人口比重的增长率平均为 3%。到 2100 年，预计我国高龄人口的比重将增加 21 个百分点。而同期世界高龄人口比重将增加 14 个百分点，较发达地区将增加 17 个百分点，欠发达地区将增加 15 个百分点，最不发达地区将增加 11 个百分点。可见，未来我国高龄人口增速可能居全球之首。

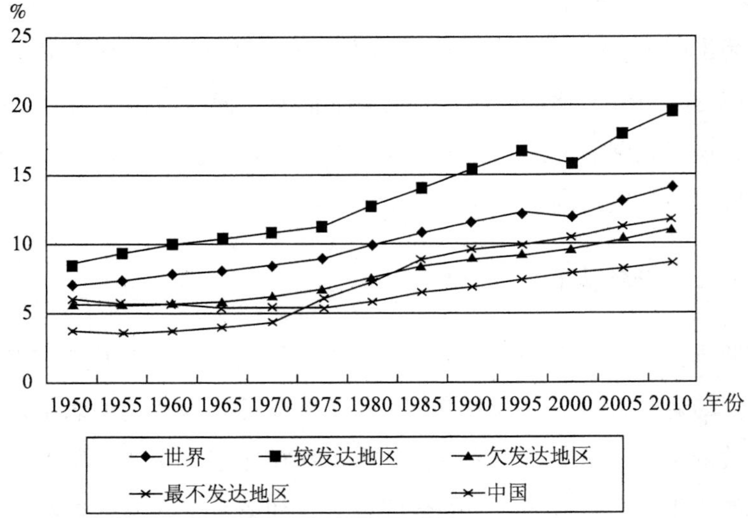

图 2.14　我国高龄人口比重的增速

数据来源：*World Population Prospects*: *The 2015 Revision.*

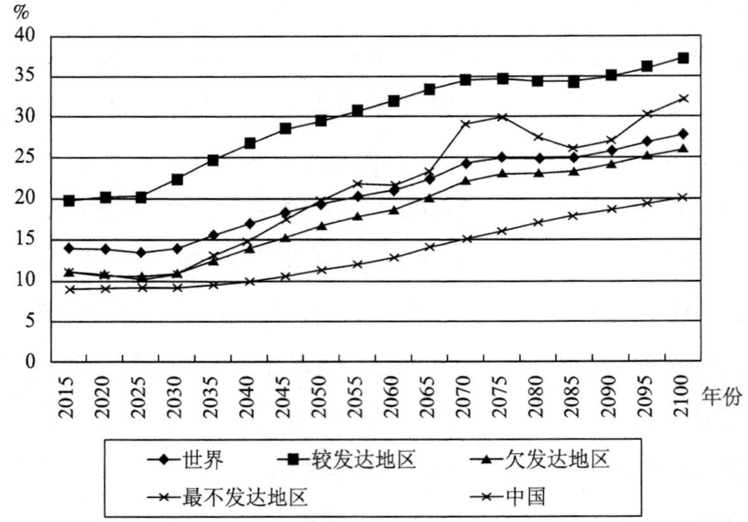

图 2.15　高龄化进程

数据来源：*World Population Prospects*: *The 2015 Revision.*

2.2.3 地区间老龄化程度差异较大

我国人口老龄化进程中所表现出的地域间差异主要体现在城乡间的差异和东部经济较发达省份与西部欠发达省份间的差异。

（1）地域间差异。一般而言，一个地区人口老龄化程度的轻重受该地区经济发展水平、医疗卫生条件水平的影响。由于我国地区间经济发展水平不均衡，人口老龄化进程也呈现出区域间不平衡的现象。总体上，沿海等经济发展水平高、医疗卫生条件好的地区，人口老龄化程度也高于内陆中西部地区。根据2010年我国第六次人口普查资料中“各地区人口年龄构成和抚养比”项，我国地区间人口老龄化差异呈明显的梯度分布，即从东南向西北人口老龄化程度逐渐减轻。

根据第五次人口普查数据，2000年全国各省、市、自治区65岁及以上人口占比超过全国平均水平的地区有上海、浙江、江苏、北京、天津、山东、重庆、辽宁、安徽、四川、湖南、广西12个省份。而根据第六次人口普查数据，全国60岁及以上人口占比为13.32%，其中重庆、四川、江苏、辽宁、上海、安徽、山东、湖南、湖北、浙江10个省份总人口中60岁及以上人口占比超过全国平均水平。对比上述两次人口普查数据，人口老龄化程度高于全国平均水平的省份多数属于东部经济发达地区，而低于全国平均水平的省份则主要集中于中西部经济欠发达地区。

另外，以上两次人口普查数据反映出了一些新变化。如2000年北京市人口老龄化程度高于全国平均水平，而到了2010年，北京市人口老龄化程度又低于全国平均水平。安徽人均GDP低于全国平均水平但人口老龄化程度却高于全国平均水平，且2010年安徽人口老龄化程度较上次人口普查有大幅提高。出现以上差异的原因可能有以下两方面：一是因为上述两次人口普查数据分别以60岁和65岁及以上人口占比为统计口径，这可能会造成可比性的下降。二是可能由经济欠发达地区人口向经济较发达地区流动的加速造成。通常情况下，劳动年龄人口是流动人口的主要构成成分。而劳动年龄人口的流动，会使流入区域的人口老龄化程度减轻，而使流出区域的人口老龄化程度加重。

结合我国2010年各地人均GDP、60岁及以上人口和“六普”数据中整理的各地现住地不在户口所在地人口占比的数据（见图2.16），可以看出人均GDP较高的地区人口老龄化程度也相对较重，但图2.17下半部所示省份中，虽然人均GDP并不是很高，但是人口老龄化程度却相对较重。然而，这些地区人口流出速度也相对较快，这说明上述地区人口老龄化程度加重的一个重要原因，可能是具有较强劳动能力的年轻人大量流出，而相对劳动能力较差的老年人口由于缺少外出就业的机会而不能去外地工作，造成上述地区人口老龄化程度不断加重。

（2）城乡差异。我国“二元经济”结构的长期存在，促使农村剩余劳动力加速向城市、发达工业区流动。1982—2005年，在20多年的时间里，我国流动人口从657万人增长到了1.47亿人，年均增长14.5%，且这一进程在不断加速。2005—2010年的5年间，我国流动人口增长了49.99%，年均增长速度达8.4%。人口流动在一定程度上加速了人口的城镇化率。2011年我国城镇人口达到69079万人，超过了农村人口，即城镇化率首次超过50%，实现了历史性的转变。伴随这一进程的深入，农村大量适龄劳动人口向城镇流动，而农村老年人口由于年龄大、受教育程度相对较低、劳动技能相对较差等原因滞留在农村。这一现象使得我国人口老龄化进程中出现了“城乡倒置”的状况。2000年第五次人口普查数据显示，我国65岁及以上人口比例分“城市”“镇”“乡村”，分别为6.67%、5.99%和7.5%。而10年后第六次人口普查数据显示上述比例分别为7.78%、7.97%、10.06%，相比上次人口普查结果，各占比分别提高了1.02个、1.98个和2.56个百分点（见图2.17）。

从分布上看，2010年第六次全国人口普查数据显示，除新疆、宁夏、青海和西藏以外，其他31个省份的农村中，65岁及以上人口占比都超过了7%的有27个省份。从分布范围上看，2000—2010年，农村进入老龄化社会的省份从17个增加到27个，表明农村人口老龄化进程在地域分布范围上更广，农村人口老龄化趋势比城镇人口更加明显（见表2.1）。

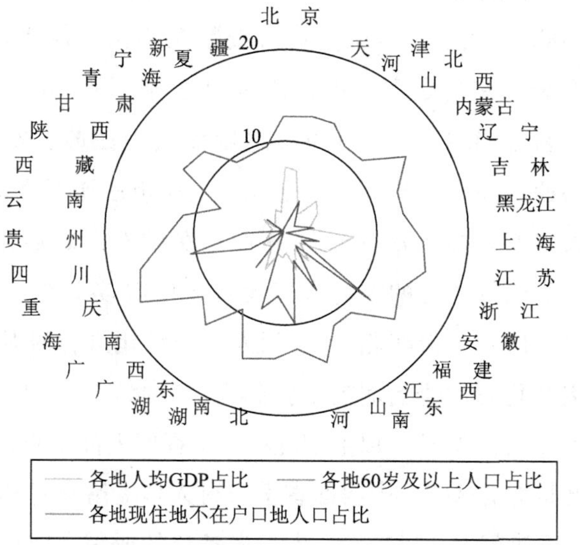

图 2.16 全国各地经济发展水平、人口流动与老龄化程度

数据来源：根据中国国家统计局网站 2011 年统计年鉴与第六次人口普查数据整理得出。

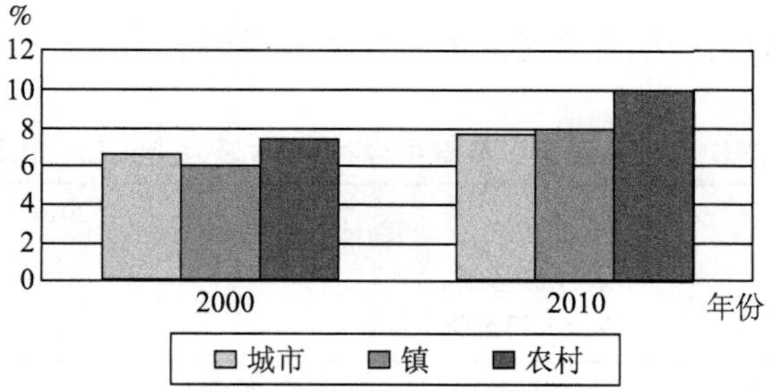

图 2.17 2000 年和 2010 年城、镇与农村 65 岁及以上人口占比

数据来源：中国国家统计局网站，2000 年和 2010 年人口普查数据。

表 2.1 2000 年、2010 年城镇和农村人口老龄化分布变化

年份	65 岁及以上比例		老龄化人口省份数	
	城镇	农村	城镇/个	农村/个
2000	6.42%	7.50%	7	17
2010	7.80%	10.06%	23	27

数据来源：中国国家统计局网站，2000 年和 2010 年人口普查数据。

在农村人口快速老龄化的同时，不同地区农村人口老龄化进程也相差很大。与2000年第五次全国人口普查数据相比，各地农村65岁及以上人口占比增长最快的是重庆市，10年间上涨了6.36个百分点；其次为四川省，上涨了4.42个百分点；之后依次为江苏、安徽、湖北、甘肃、贵州、陕西、湖南等省份。特别地，上海市占比下降了0.48个百分点。从两次人口普查数据所显示的各省份农村人口老龄化程度排名看，四川、湖北、贵州等省份的农村人口年龄化位次较上次普查结果上升较多，可以看出，以上省份在此10年间人口老龄化进程较其他省份快。而2000年农村老龄化程度排名居前十位的天津、北京在2010年被广西、湖北两省所取代（见表2.2）。以上情况在一定程度上都说明，我国农村老龄化进程表现出非均衡状态，中西部省份农村人口老龄化进程相对较快，而上海、北京、天津等地相对较慢。人口老龄化的成因主要由自然生育下降和平均寿命延长两方面构成，但无论从我国城乡老龄化进程倒置，还是从不同省份间农村人口老龄化程度差异巨大来看，城镇化进程的加快都是我国农村人口老龄化进程发展迅速的一个主要原因。

表2.2 第五次、第六次人口普查中乡村65岁及以上人口占比居前十省份

位次	2000		2010	
	省份	农村65岁及以上人口比例	省份	农村65岁及以上人口比例
1	上海市	12.62%	重庆市	14.51%
2	浙江省	10.59%	江苏省	13.58%
3	江苏省	9.81%	浙江省	12.97%
4	山东省	9.06%	四川省	12.26%
5	北京市	8.43%	上海市	12.14%
6	重庆市	8.15%	安徽省	11.51%
7	天津市	7.98%	山东省	11.45%
8	湖南省	7.98%	湖南省	11.01%
9	安徽省	7.92%	湖北省	10.47%
10	四川省	7.84%	广西壮族自治区	10.39%

数据来源：中国国家统计局网站，2000年和2010年人口普查数据。

2.2.4 老龄人口性别比例失衡

从出生性别比看，我国男性人口占比一般情况下要高于女性。但从老龄人口性别比来看则呈现出相反的情况，而且年龄组越高，女性人口占比越高（见表2.3）。

表2.3 第六次人口普查中的性别比（女性=100）

年份	60岁及以上	65岁及以上	80岁及以上
1953	81.7%	83.1%	47.0%
1964	75.5%	59.8%	45.5%
1982	86.7%	79.8%	53.8%
1990	90.8%	83.2%	54.6%
2000	95.1%	89.7%	61.7%
2010	96.1%	92.7%	71.8%

数据来源：根据历次人口普查数据整理。

2.2.5 人口老龄化与我国经济发展的不协调性

我国人口老龄化与经济发展的不协调性——“未富先老”。邬沧萍教授在其1986年出版的《漫谈人口老化》一书中首先提出了“未富先老”的观点。此后，“未富先老”作为明确界定我国人口老龄化特征的描述逐渐开始出现在我国老龄化问题的实际工作和学术研究当中①。

之后，虽然这一提法被广泛引用，但对于中国是否真的“老了”，是“未富先老”还是“未备先老”或是“即富即老”，一直存在争议。首先，对“老”的定义学界有一定的争议。南开大学李建民教授（2006）认为“有关人口老龄化程度的分析上，联合国1956年提出的人口年龄结构类型的划分标准（依照老年人口占总人口比例）被大部分研究者沿用，即老年型社会的标准为：一国人口年龄结构中，65岁及以上老年人口占比达到

① 《人口研究》编辑部．再论中国是否“未富先老”［J］.人口研究，2007（4）：48.

7%。此后，联合国为了适应发展中国家的情况，又提出了‘60 岁及以上人口占总人口的比重达到 10%’的下限标准”。对于这一划分，李建民教授在人口年龄结构分类标准的基础上，认为上述标准的提出主要目的是基于人口统计学含义对人口年龄结构类型进行的划分，加之联合国提出的人口年龄结构划分标准的设定并没有进行科学的论证，因而从经济角度谈中国的“老”有待商榷。进而李建民教授指出，老龄化是否会对经济社会产生影响，需要结合人口零增长、老少抚养的变化以及“人口机会窗口”关闭 3 个指标来看。其次，对于我国人口老龄化进程是否快于经济发展水平，即是否“未富”。学术界一般认为“发达国家在其 60 岁及以上人口的比重超过 10%时，其人均国内生产总值一般都在 5000～10000 美元以上①”，而我国以 2000 年进入老龄化社会时人均 GDP 仅 850 美元为数据支持来说明我国人口老龄化与经济发展间的不协调。李建民教授认为上述机械对比既缺乏科学性，也不全面。李建民教授通过对比法国、瑞典、意大利、日本等国家 65 岁及以上人口达到 7%年份时的平均预期寿命、平均受教年限、人均 GDP 等指出，“21 世纪初的中国远比 70 年前的英国、德国，19 世纪后期的法国和瑞典要富裕得多②”，因而李建民教授认为中国是“即富即老”。

而中国人民大学的杜鹏（2006）通过分别对比中国与美国、日本等较发达国家，中国与韩国，中国与巴西、印度、孟加拉国等国的人均 GNP 和产业结构数据，综合得出我国仍为“未富先老”的结论。

以上争论中，虽然双方都通过一定的数据比较以支持其定性结论，但都没有提出一个人口老龄化与经济协调性的科学指标。这一空白在 2009 年，由莫龙发表的《1980—2050 年中国人口老龄化与经济发展定量研究》一文得以弥补。莫龙以 2007 年人口超过 500 万人的 104 个国家和地区的人均 GDP（2005 年不变价国际美元）、老龄比（65 岁及以上人口占总人口的比例）、老龄比的二次方为样本，进行非线性回归，并以回归结为基础建

① 于学军．中国人口转变与“战略机遇期”［J］．中国人口科学，2003（1）．

② 《人口研究》编辑部．再论中国是否“未富先老”［J］．人口研究，2006（6）：27．

立“人口老龄化经济发展协调指数（Ageing and Economics Coordination Index，以下简称 AECI）”。指数 AECI 的几何意义是，反映各国人均 GDP 和 65 岁及以上人口比重的散点分布与基准年世界各散点回归线之间的垂直距离，即如果散点位于回归线上方时，表明从世界范围来看该国人口老龄化程度超前于经济发展，反之则滞后于经济发展；而散点与回归线之间垂直距离的长短，反映了一国人口老龄化与经济发展间的协调度，距离越小，两者之间协调性越好，反之则表明协调性差。依据该指数，中国 1980—2007 年的人口老龄化程度均超前于经济发展，且这一进程不断加快。此外，中国人口老龄化超前于经济发展的程度在世界各国中相对较高，但不是最高的。2007 年中国的 AECI 指数为 2.3，在人口超 500 万人的 104 个国家中居第 13 位。其中，乌克兰（9.7）和保加利亚（8.7）等 5 个国家的超前程度远远高于中国；日本（4.8）、意大利（4.5）和俄罗斯（3.3）等国家的超前程度也高于中国①。从另一个角度看，在经济发展水平和中国相近或低于中国的发展中国家中，中国人口老龄化超前于经济发展的程度是最高的。

综上可见，虽然从定量角度分析结果上，中国人口老龄化与经济发展的不协调程度不是最高的，但综合考虑经济发展中的其他指标后，如产业结构比、社会保障等，中国人口老龄化与经济发展的不协调程度在世界范围内仍居较高位。从我国人口老龄化进程中所呈现出的特点来看，老龄人口总量大、增速快，对我国社会积累基金的负面影响较大。而老龄人口的高龄化程度重，使未来医疗支出增加较快。农村人口老龄化重于城市，加之农村社会保障体制的不完善，更不利于总消费的增加。

---

① 莫龙.1980—2050 年中国人口老龄化与经济发展协调性定量研究［J].人口研究，2009（3).

2.3 我国人口老龄化进程快的成因

2.3.1 计划生育政策导致生育率快速下降

新中国成立初期，为克服长期战争对人民生产、生活造成的巨大创伤，国家未对人口生育进行严格限制，人口总量快速增长。1949—1952年，我国人口出生率维持在36‰~37‰的高水平。死亡率保持在17‰~20‰的水平，并不断下降，1949—1952年死亡率分别为20‰、18‰、17‰、17‰。与此相适应，人口自然增长率逐步上升，由1949年的16‰上升到1952年的20‰。1953年第一次人口普查数据显示，我国人口远远高于通常的估计量，庞大的人口规模与稀缺的耕地资源、落后的工业水平之间的矛盾威胁着经济社会发展。因此，节制生育成为人口政策的新导向，中央提倡、赞成人民自愿节育，并在20世纪50年代中期开始宣传和推广节制生育，提倡有计划地生育子女。

三年困难时期，正常的经济社会发展受到严重冲击，人口总量因灾减少，出生率骤然下降，节育活动的宣传推广暂时中止，1960年出现了新中国历史上唯一一年人口负增长。1962年我国人口出现了短暂的恢复性增长，节制生育方针再次复苏，国务院提出“在城市和人口稠密的农村提倡节制生育，适当控制人口自然增长率，使生育问题由毫无计划的状态逐渐走向有计划的状态”。中共中央、国务院《关于认真提倡计划生育的指示》是中央文件中第一次使用“计划生育”字样，此时的计划生育以节制生育为主体内容，在1966年之前，由国务院计划生育委员会领导的、覆盖全国多个省份的专门机构建立起来，在全国范围内开展节育技术指导和宣传教育活动，并取得显著成效。1965年，我国城市生育率降至2.6%，农村（含县城）出生率降至3.9%，城市妇女总和生育率降至3.7%。

1966—1969年，动乱的社会环境使节制生育工作陷入停滞，不过“文化大革命”期间出现的干部下放和知识青年“上山下乡”运动形成了政策性的人口流动，减轻了城市人口增加带来的物质供应和就业压力。1966—1970年，我国人口净增超过1亿人，20世纪70年代初人口总量达到8亿人。1970年全国计划会议将人口计划纳入国民经济第四个“五年计划”，规定了城乡人口自然增长指标。1971年，国务院批示：“除人口稀少的少数民族地区和其他地区外……深入开展宣传教育，使晚婚晚育和计划生育变成城乡群众的自觉行为”。1973年，国务院成立计划生育领导小组，各地的计划生育工作机构也相应建立，“有计划地增长人口”成为当时的人口政策，截至1975年，确定了“晚、稀、少”的政策目标。

1978年，第五届全国人民代表大会第一次会议通过的《中华人民共和国宪法》第五十三条规定“国家提倡和推行计划生育”，计划生育第一次以法律的形式被载入我国宪法。1980年，中共中央发表了《关于控制我国人口增长问题致全体共产党员、共青团员的公开信》。至此，20世纪70年代提出的“一个不少，两个正好，三个多了”和“晚、稀、少”的要求，最后被确定为“提倡一对夫妇只生育一个孩子”。人口自然增长率由1970年的25.48‰下降至1980年的11.87‰，总和生育率由1970年的5.81下降至1980年的2.24。

1982年2月，《中共中央、国务院关于进一步做好计划生育工作的指示》中第一次明确规定了我国的人口政策，即“控制人口数量，提高人口素质”。1991年，《中共中央、国务院关于加强计划生育工作，严格控制人口增长的决定》的公布标志着中央正式提出稳定性计划生育政策长期不变的方针，以期引导和巩固生育率下降的趋势。

在我国一系列计划生育政策的出台和推行下，我国总和生育率不断下降。1982—1992年我国总和生育率从2.89%下降至1.86%，仅10年的时间我国总和生育率就下降到更替水平以下。而第六次人口普查长表数据显示，2010年全国总和生育率进一步下降至1.18，其中“城市”为0.88，“镇”为1.153，“乡村”为1.44。全国总和生育率倒数前5名分别是北京（0.70670）、上海（0.73665）、辽宁（0.74090）、黑龙江（0.75140）、吉林（0.76000）。生育率最高的前5名分别是广西（1.79）、贵州（1.75）、新疆（1.53）、海南（1.51）、安徽（1.48）。根据2010年的《世界人口表》，全球平均每个妇女生2.5个孩子，发达国家为1.7个，欠发达国家为2.7个，最不发达国家为4.5个，而扣除中国后的欠发达国家为3.1个。中国的总和生育率不到世界平均水平的一半，而且比发达国家的平均水平还要低许多①。可见，计划生育政策的长期推行，使我国总和生育率迅速下降，也使年轻人的比重迅速下降，进而从根本上加速了我国的人口老龄化进程。

2.3.2 预期寿命的延长

生育率的下降是封闭人口老龄化形成的决定性因素，而预期寿命的延长则是人口老龄化形成的重要因素。改革开放以来，我国经济的快速增长为人民物质和文化生活提供了坚实的物质基础。随着生活质量的极大提高、医疗卫生条件的极大改善，人民群众的健康水平也得到了极大的提高。根据联合国《世界人口展望（2012年版）》（*World Population Prospects: The 2012 Revision*）的估计数据，1950—1955年，我国人口出生时的预期寿命为44.59岁，1955—1960年为45.01岁，之后的1960—1965年则下降为43.97岁。下降的原因为，1958年的“大跃进”和社会主义建设、社会主义改造中其他一些“极左”的做法，违背了经济发展的客观规律，加上三年困难时期、苏联撤走专家并逼偿债务等客观因素，人民群众的生活水平急速下降，从居民消费水平上看，1958—1962年，居民消费水平平均每年增长速度为-3.3%，而1953—1957年平均年增长速度为4.2%。除这一特殊时期外，我国预期寿命一直呈稳步提高的态势，从1970—1975年的64.58岁提高至2005—2010年的74.44岁。根据联合国中等生育率下2015—2100年的预测数据，2050—2055年我国人口平均预期寿命将达到80岁，2090—2095年平均预期寿命将达到85岁及以上。作为人口老龄化的重要成因，我国人口预期寿命的不断提高，在未来将加速我国人口老龄

① 邓飞．中国2010年总和生育率仅为1.18［N］.经济导报，2007-07-10.

化的进程。

2.3.3 人口增长波动的叠加

美国人口学家诺特斯坦（F. Notestein，1954）在前人研究的基础上，提出了较为系统的三阶段人口转变学说。第一阶段为人口出生率、死亡率都处于较高水平的阶段，因为这一阶段死亡率波动较大，死亡率成为影响人口自然增长率的决定性因素；第二阶段随着生产的发展，人口出生率和死亡率都下降，但由于出生率的下降快于死亡率的下降，出现人口的大幅增长；第三阶段则为出生率和死亡率都处于较低水平的阶段，因而人口的自然增长率处于较低水平。根据诺特斯坦的人口阶段理论，在第二阶段，由于出生率下降快于死亡率下降，人口自然增长率较高，因而这一阶段会形成“婴儿潮”。第三阶段中人口自然增长处于较低水平，甚至会低于人口更替水平，而第二阶段形成的“婴儿潮”集中进入老年期，这将形成人口老龄化进程中的快速期。

我国人口增长经历了几次生育率高潮，而这几次生育率高潮的叠加效应加速了我国的人口老龄化进程。

1953—1957 年的生育高潮。通过 1950—1953 年的国民经济恢复，党中央及时制定了过渡时期总路线，即逐步实现国家的社会主义工业化。随着经济的发展，人们的物质和文化生活水平得到进一步提高，1952 年与 1975 年相比，农民家庭纯收入由 57 元提高到 73 元，职工平均工资由 445 元增加到 624 元。全国居民消费水平由 76 元提高到 102 元，其中农民由 62 元提高到 79 元，非农业居民由 149 元提高到 205 元。每万人拥有医生数由 7.4 人提高到 8.4 人。国民经济的迅速发展和人民生活的显著改善，一方面，使人口出生率有所下降，1952 年与 1957 年相比下降了 3.0 个千分点；另一方面，使人口死亡率下降，同期下降了 6.2 个千分点。二者相比，死亡率下降更为急速，比出生率多下降 3.2 个千分点，出现第一次生育高潮。这次生育高潮 5 年共增加人口 7171 万人，年平均增加 1434 万人。

1958—1961 年的生育低潮。1958 年的“大跃进”和社会主义建设、社会主义改造中其他一些“极左”的做法，违背了经济发展的客观规律，带来了严重后果。连续3年“大跃进”，将资金、人力、物力集中使用，建设了一批重点项目，有些取得了一定成绩。但在指导思想上急于求成，脱离实际，不讲效益，浪费、浮夸现象严重，致使积累与消费、工业与农业、工业内部重工业与轻工业等国民经济基本比例失调，财政收支失去平衡。加上三年困难时期、苏联撤走专家并逼偿债务等客观因素，国民经济遇到严重困难。经济发展的失调，人民生活水平急速下降，也影响了人口增长，在此期间出生率逐年下降，由1957年的34.0‰下降到1961年的18.0‰，下降了16个千分点。同时，物质资料的缺乏，使死亡率迅速上升，由1957年的10.8‰上升到1960年的25.4‰，1961年虽然下降到14.2‰，但也略高于1953年的水平。而1960年出现出生人口少于死亡人口的情况，相差4.6个千分点，为40多年中唯一的一次人口负增长。

1962—1973年的生育高潮。这一次生育高潮的出现也同国民经济状况有关。1960年9月，中央通过大力发展农业，压缩基本建设战线，限制工业发展速度，加强集中统一的经济管理，发展日用工业品生产等，使我国经济迅速恢复，到1965年，国民经济主要经济指标达到或超过调整前的最高水平，并有很大发展，人民生活获得改善和提高，这为人口的恢复增长提供了物质条件。因此，1962年出生率重新回升到37.0‰的水平，死亡率则下降到10.0‰的水平，人口自然增长率达到2.7%；1963年出生率更是上升到43.4‰的高水平，成为40多年来出生率的最高点，而死亡率仍在10.0‰的水平，人口自然增长率达到3.3%的最高纪录。1964年和1965年的人口出生率分别在39‰和38‰的水平，人口自然增长率达到2.8%。1966年以后的生育高潮虽然再未超过之前的水平，但也维持在高位，虽然这期间有计划生育的号召，但受“十年动乱”的影响，人口生产与物质生产一样处于无政府状态。因此，这12年间年均出生率达到34.8‰，人口自然增长率年平均达2.6%，为40多年中人口出生率和增长率最高、持续时间最长的一次生育高潮。

1974—1985年的生育低潮。1976年粉碎“四人帮”后，我国政治、经济逐渐步入正轨，计划生育政策也得到落实，并在 1978 年被写入宪法。在计划生育政策的推行下，这次生育低潮长达 13 年，除个别年份外，出生率均下降到 20‰以下，最低为 1984 年的 17. 5‰。死亡率变化不大，基本稳定在 7‰的水平，个别年份下降到接近 6‰。人口增长率由 1973 年的 2. 0%连续下降，最低为 1984 年的 1. 1%，年平均增长率下降到 1. 4%。

1986 年以来第一次新的生育高潮。这一次生育高潮的出现，从本质上说明了 1962—1973 年第二次生育高潮间出生的 3 亿多人口形成的年龄结构，这些生育大军陆续通过 20 岁进入婚育年龄，通过 23 岁进入生育峰值年龄，故持续的进程可到 1997 年前后①。

综上所述，1962—1973 年出生的大量人口将在 2022—2033 年过渡到 60 岁以上，将在 2027—2038 年过渡到 65 岁以上，加之上一次生育高潮与本次相隔仅 5 年，总体上由于两次生育高潮的叠加，21 世纪 30 年代将迎来老龄化的高潮，而此后的第三次生育高潮将会把我国快速老龄化的进程延续至 2055 年前后。

2. 4　我国人口老龄化的未来进程

人口老龄化是经济发展到一定阶段的必然产物，也是世界人口发展的自然规律。随着我国经济的持续快速增长、人民生活水平的不断提高、卫生医疗条件的不断改善，中国人口老龄化进程也不断加速。全国老龄工作委员会办公室于 2006 年发布的《中国人口老龄化发展趋势预测研究报告》，将中国 21 世纪人口老龄化发展趋势划分为三个阶段：第一阶段是快速老龄化阶段，时间段为 21 世纪的前 20 年；第二阶段为加速老龄化阶段，时间段为 2021—2050 年；第三阶段为重度老龄化阶段，时间段为 21 世纪后 50 年。目前，中国正处于快速老龄化阶段，这一期间老年人口增长速度达年均 3. 28%，这一增速高于总人口增速的 5 倍之多，可见我国人口老龄

① 田雪原．中国老年人口［M］.北京：社会科学文献出版社，2007：20-23，30.

化进程开始明显加快。

根据《联合国世界人口展望（2012年版）》(*World Population Prospects: The 2012 Revision*）的数据，世界主要国家和地区中等生育率预测下的65岁及以上人口抚养比（65+/15~64），2015—2100年，中国抚养比将由13.1%上升到49.8%，年均增长0.43个百分点。相较于1950—2010年，中国抚养比从7.3%增长至11.4%，年均增长仅为0.07个百分点。这说明未来中国人口老龄化进程将进一步加速。

根据联合国中等生育率预测数据，2015年中国抚养比为13.1%，在世界201个主要国家与地区中居第74位，日本居首位。到2060年中国将上升到第40位，上升34位，日本的排位下降至第6位，卡塔尔将居首位，2065年后中国的排位将开始下降，到2100年降至第94位（见表2.4）。从2015—2100年中国与世界主要国家及地区在抚养比上的排位可以看出，中国未来人口老龄化进程与世界其他国家相比，2065年前进程较快，2065年后进程放缓。

表2.4　中国65岁及以上人口抚养比在世界主要国家及地区中的排位

年份	排位	年份	排位	年份	排位
2015	74	2045	53	2075	71
2020	67	2050	53	2080	70
2025	70	2055	48	2085	72
2030	67	2060	40	2090	81
2035	58	2065	45	2095	86
2040	51	2070	59	2100	94

数据来源：根据《世界人口展望（2012年版）》（*World Population Prospects: The 2012 Revision*）数据整理。

3 人口老龄化影响税制演进的机理

由上文可见，人口老龄化的主要成因为生育率的下降和人口平均寿命的延长，这会导致经济体中劳动力人口的相对减少和消费人口的相对增加，从而对经济生产造成影响。从新古典生产函数 $F(K, L) = A \cdot K^{\alpha} \cdot L^{1-\alpha}$ 的构成来看，一个经济体的生产需要在一定的技术条件下投入一定量的劳动力、资本。而人口老龄化下劳动力要素供给的增长趋于减缓或停滞，在技术进步和劳动资本比（生产的技术构成）不变的条件下，这会导致劳动力成本的上升和资本收益率的下降，进而导致产出的减少。从宏观税负构成来看，宏观税负水平的高低受一般税收（指增值税、企业所得税、房税等，与养老保障税费相对应）水平与养老保障税费水平高低的影响。随着人口老龄化进程的加快，在一般税收水平不变的条件下，养老保障资金需求占社会总产出比重的增加，成为宏观税负水平上升的最主要因素。这一点可以从以 OECD 为代表的发达国家的税制结构演进史中得到印证。根据解学智和张志勇主编的《世界税制现状与趋势》（2014）一书中归纳的“OECD 国家主体税种构成表”来看，1965—2011 年，OECD 国家主体税种构成中，企业所得税、个人所得税、增值税、消费税、财产税在 1965—1985 年呈上升趋势，而 1985 年后总体呈下降趋势，且均没有超过 1965 年的税负水平。而社会保障税则从 1965 年以来一直呈上升趋势。

就税制结构而言，现实中无论一国的具体税种如何定义，税收最终课征于劳动、资本和消费三大“隐性税基”。人口老龄化下，劳动力供给的相对或绝对减少，在市场经济条件下，会引发劳动力供给、资本积累和消费需求的连锁反应，进而影响税制的构成。

3.1 人口老龄化与宏观税负水平

宏观税负是衡量一国政府对社会资源支配程度的重要指标，一般按政府可支配社会资源占 GDP 的比重来衡量。在市场经济条件下，宏观税负关乎私人和公共部门的相对规模，关乎政府在国民收入中的支配权力和地位，并与纳税人义务和基本民生紧密相关。因此，宏观税负问题是税收政策的核心问题。

3.1.1 宏观税负口径

从世界范围内可比较的重要数据库来看，主要有 OECD 和 IMF 两大数据库。OECD 的统计口径仅限于政府的税收收入和社会保障税费缴款收入①，而 IMF 的统计口径相对较宽，其不但包括 OECD 的统计项，还包括“赠予收入”“其他收入”项。

（1）OECD 国家财政收入统计口径。OECD 是由世界主要的市场经济国家组成的政府间国际经济合作组织，目前有 34 个成员国。根据 OECD 官网统计（OECD. stat）数据项中的 OECD 财政收入对比表（Revenue Statistics- OECD Countries：Comparative Tables），OECD 国家的税收收入可划分如下：

表 3.1 OECD 国家财政收入统计项

Total Tax Revenue	总税收收入
1000 Taxes on income，profits and capital gains	1. 对收入、利润和资本所得的税收，将其按照来源分成个人、企业、介于两者之间进行分别报告
2000 Social security contribution（SSC）	2. 社会保障缴款，将其按照来源分成雇员、雇主、自我雇用或未就业、介于三者之间进行分别报告

① 庞凤喜，张念明．宏观税负、税负结构与结构性减税研究［M］.北京：经济科学出版社，2016：33.

续表

Total Tax Revenue	总税收收入
3000 Taxes on payroll and work-force	3. 对工资和劳动力的税收
4000 Taxes on property	4. 对财产的税收，包括对不动产的周期性税收、对净财富的周期性税收、对遗产继承和赠予的税收、对金融和资本转让的税收、非周期性的税收、其他对财产的周期性税收
5000 Taxes on goods and services	5. 对商品和服务的税收，包括对生产销售和转让的税收、对产品使用和活动执行的税收、介于两者之间的税收
6000 Taxes other than 1000, 2000, 3000, 4000, 5000	6. 其他税收，包括仅由企业支付的税收和其他税收

数据来源：OECD 统计官网。

（2）IMF 的政府税收收入统计口径。国际货币基金组织（IMF）是世界两大金融机构之一，其在 2001 年出版了《政府财政统计手册》（*Government Finance Statistics Manual*）一书，提出了一个全面衡量世界各国政府财政收支情况的统计框架，并以此框架为基础，每年公布《政府财政统计年鉴》（*Government Fianance Statistics Yearbook*），如 2011 年该年鉴公布了世界上 130 个国家和地区的政府财政收支情况，其为宏观税负水平的国际比较提供了可靠的数据来源。IMF 的政府税收收入统计口径为：

表 3.2　IMF 国家财政收入统计项

序号	总税收收入
1	税收收入，包括对所得利润和资本收益征收的税收、对工资和劳动力征收的税收、对财产征收的税收、对商品和服务征收的税收、对国际贸易和交易征收的税收、其他税收
2	社会缴款收入，包括社会保障缴款和其他社会缴款收入
3	赠予收入，包括来自国外政府、国际组织、其他广义政府单位的收入
4	其他收入，包括财产收入、利息、出售商品和服务、罚金罚款和罚没收入、杂项和未列明的收入

（3）我国的宏观税负统计口径。庞凤喜（2016）认为在研究我国宏观

税负时，之所以出现截然相反的判断结论，与研究者使用的“税”的口径直接相关，如果过分拘泥于是否以税为收入形式，就不能全面、真实地反映我国的宏观税负①。因而庞凤喜认为，现代财政是公共财政，所有政府收支都应纳入公共预算的范畴，并由纳税人对其合法性、合理性进行全面审议，并在公共物品有效供给的层面上进行整体统筹。进而他认为，应该将未列入一般公共预算的政府性基金收入、国有资本经营收入、社会保障收入都列入宏观税负衡量的考查体系。

（4）本书的宏观税负统计口径。基于人口老龄化背景下，养老社会保障资金的筹集是人口老龄化对宏观税收体系的主要影响途径，本书对宏观税负及税制结构的分析主要参照 OECD 国家的统计体系。

3.1.2 人口老龄化是导致宏观税负水平升高的重要因素

庞凤喜、张念明等（2016）指出，影响宏观税负的因素有：政府职责和定位、公共物品的供给规模、经济发展水平和政府收入结构等。从世界范围来看，在人口老龄化进程日益加快的背景下，养老保障制度无论采用基金积累制还是现收现付制都存在着巨大的公共风险隐患。政府作为社会公共事务的管理者，承担着社会养老保障制度建设和运行管理的责任。随着人口老龄化进程的加快，政府承担的养老保障制度建设与确保养老保险基金安全的责任越来越大。从金融危机后各国政府纷纷提高公共养老保险的缴费率和加大对公共养老保险的财政投入看，政府是公共养老保障的最后一道“防火墙”。

因此，人口老龄化进程的加快，对养老社会保障资金需求的增加，成为推动宏观税负上升的主要影响因素。人口老龄化表现为人口年龄结构的变化，它对于国民收入的创造和分配都有一定的影响。人口年龄结构变化通过经济活动人口在总人口中的比重来影响国民收入的创造。如果经济活动人口在总人口中的比重增加，在劳动生产率和生产技术构成保持不变的

① 庞凤喜，张念明．宏观税负、税负结构与结构性减税研究［M］.北京：经济科学出版社，2016：33.

条件下，总负担系数低，国民收入总额就越大。反之，如果经济活动人口在总人口中的比重相对减少，被抚养人口相对增加，则国民收入总额可能会相应减少。如果假定除养老保障外的其他公共需求不变，并假设这些公共需求由一般性税收来提供，则人口老龄化带来的养老保障需求增加就成为宏观税负水平上升的决定因素。

一般来说，一个国家的国民收入分为积累基金和消费基金两大部分，在国民收入一定时，积累基金和消费基金存在着此消彼长的关系。从物质资料生产的角度来看，养老保险基金本质上是对当年经济活动人口所生产的社会总产品的再分配，因而不能看其名义上来自于公共部门还是私人部门。随着人口老龄化进程的加快，一个社会中公共部门和私人部门支付的退休金或养老保险基金的数量都会相应增加，这意味着国民收入中越来越大的部分用于抚养老年人口，从而使消费基金增大和积累基金相对减少，进而使积累基金和消费基金的比例关系发生变化。

罗伯特·L. 克拉克和约瑟夫·约翰·斯彭格勒在《正在变化中的人口和扶养费用新的抚养系数及其构成》一文中指出，总负担费用的数量不但取决于老年人口和青少年人口的绝对数量，还取决于老年人口和青年人口的相对数量。“他们的调查研究表明，在平均寿命延长的情况下，政府支付给老年人口的抚养费用是青少年人口的 3 倍。老年人口平均抚养费用明显高于青少年人口的抚养费用。他们还指出，花在孩子身上的大部分支出是投资形式的人力资本，而老年人口的抚养费用则属于纯消费性的，因此有可能降低未来的国民收入增长率[①]”。

随着人口老龄化进程的加快，社会在老年人口的养老保险支出、医疗保险支出以及对贫困老年人口的社会救助上的负担会相应增加，而这些费用的增加要求政府财政支出的相应增加。“如人口老龄化程度相对较重的瑞典和联邦德国的社会保障支出在国民收入中的比重，分别从 1960 年的 12.4%、16.6%增至 1970 年的 32.2%、23.1%，1993 年又分别上升到

① 李仲生．人口经济学［M］.北京：清华大学出版社，2013：280.

42.4%和32.2%。日本的社会福利费用在国民收入中的比重在1980年达到11%，1995年上升到25.6%。美国用于老年人的社会保险、退休金和医疗保险等各项福利的支出在1980年为1440亿美元，占联邦财政预算的25%，1984年上升为2380亿美元，占联邦财政预算的28%，经济学家预测2040年该项支出将增至40%。随着人口老龄化程度的加重，发达国家财政收入中用于养老保障的支出与日俱增，致使财政负担对经济发展造成了巨大的压力，而巨大的财政压力导致发达国家的宏观税负水平不断提高。改革开放以来，中国的退休人员不断增加，离退休保险福利费用支出逐年递增，1984年中国离退休保险福利费用为106.1亿元，占国民生产总值的1.5%，1997年增至2068.3亿元，占国民生产总值的2.8%，13年上升了1.3%，按照这种速度，到2050年，国民生产总值中用于老年人的费用份额会大幅度增加"①。总之，人口老龄化和老年人口的增加影响了国民收入分配中积累基金和消费基金比例关系的变化。目前，发达国家和一部分发展中国家的人口结构趋于老龄化，老年人口比重不断上升，老年人口的数量不断增加，对国民收入分配的影响越来越大。人口老龄化和老年人口的增加，导致国民收入分配过程中积累部分相对下降，从而限制了社会扩大再生产，影响了资本投资的增加和经济效率的提高。而资本投资增速的下降和经济效率的降低，减缓了经济社会产出的增长速度，如果人口老龄化进程得不到缓解，且养老保障替代率保持不变，或法定退休年龄不延长的话，会带来宏观税负的进一步加重。

从OECD成员国中人口老龄化程度相对较重的日本、德国、意大利和希腊来看，2014年其65岁及以上人口抚养比均超过30%，分别为39.53%、34.12%、32.83%和32.08%，其社会保障税占GDP的比重分别为：日本12.70%、德国13.90%、意大利13.00%和希腊10.30%，均高于OECD国家9.10%的平均水平。

而从1965—2013年OECD成员国不含社保税的宏观税负来看。1965—

① 李仲生．人口经济学［M］.北京：清华大学出版社，2013：280.

2000 年，OECD 成员国的宏观税负总体呈上升趋势。但在 2000 年达到 25.68%的峰值后，OECD 不含社保税的宏观税负基本保持在 24.84%左右。此外，从图 3.1 中可以看出，1973 年后，OECD 国家含社保税与不含社保税的宏观税负间的差距开始变大。可见，随着人口老龄化进程的加快，社会保障税（费）收需求的增长是导致宏观税负水平升高的主要成因。

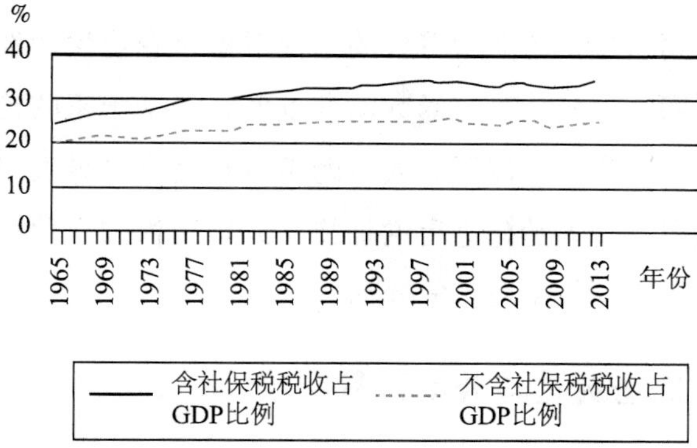

图 3.1　OECD 成员国 1965—2013 年税收收入占 GDP 的比重

数据来源：OECD 网数据统计，http：//stats. oecd. org/.

根据解学智和张志勇主编的《世界税制现状与趋势（2014）》一书中的数据，近年来，发展中国家的宏观税负呈先上升后下降再回升的趋势，且相较于发达国家其波动较大。从解学智研究的 25 个发展中国家来看。2007—2011 年，受金融危机的影响，发展中国家不含社保税的宏观税负非加权平均值分别为 21.42%、21.68%、19.80%、19.83%、20.51%，含社保税的宏观税负非加权平均值分别为 27.07%、27.15%、25.71%、25.53%、26.42%。但总体来看，近年来，发达国家与发展中国家的宏观税负水平都基本稳定，发达国家不含社保税的宏观税负稳定在 25.09%~26.71%，含社保税的宏观税负稳定在 36.11%~37.40%①。发展中国家不含社保税的宏观税负稳定在 19.08%~21.68%，含社保税的宏观税负稳定在 25.23%~27.15%。

① 解学智，张志勇．世界税制现状与趋势（2014）[M].北京：中国税务出版社，2014：2-13.

3.2 人口老龄化对税基的影响

税基也称为计税基础，从税制构成要素来看，税基是指具体税种的征税对象。从征税对象上看，虽然不同的税种有不同的征税对象，如增值税的征税对象是货物或劳务流转过程中所产生的增值额，消费费的征税对象是特定消费品的销售额，企业所得税的征税对象是企业生产经营过程中产生的应纳税所得额，但是从生产函数的角度看，一个国家的税收最终来源于对消费费、劳动和资本的课征。人口老龄化是当今世界人口结构变动的一般性趋势，随着人口老龄化进程的加快，人口结构的变化引起要素市场供给结构的变化，进而带来税基的变动。

3.2.1 人口老龄化与劳动税基

一国对劳动的课税等于劳动平均有效税率乘以劳动收入，即劳动平均有效税率×工资率×劳动力供给总量。

由上面的劳动课税公式来看，其税基受工资率和劳动供给总量的影响。在人口老龄化背景下，人口结构中适龄劳动力人口的总额整体呈下降趋势，在其他条件不变的情况下，人口老龄化会造成税基的减少。

劳动的平均有效税率受生产力水平的制约。从劳动力收入的用途来看，劳动力收入由下列部分构成：一是劳动力自身的生存需求，即满足自身基本物质和精神文化需求的部分；二是再生产的需求，即用于赡养家庭支出的部分，如对儿童和老人的抚养支出；三是其他需求部分。从以上组成来看，对劳动力收入的课征，不能超过其自身简单再生产和劳动力简单再生产的基本需求，否则劳动力自身的生存和家庭的生存将不能继续。而前两项需求占收入的比重，受生产力水平的制约，通常情况下生产力水平越高，前两项所占的比重越低。

从新古典生产函数来看，工资率等于劳动的边际生产率，即 $w = f(k) - k \cdot f'(k)$，设生产函数的具体形式为 $Y = AK^{\alpha} \cdot L^{1-\alpha}$，则 $w = A \cdot \alpha \cdot$

$k^{\alpha} - k \cdot r = (1-\alpha)Ak^{\alpha}$，即工资率与全要素生产率 A 正相关，与生产的技术构成 α 负相关，与资本收益率和人均资本存量负相关。从劳动生产率（包含于全要素生产率中）来看，一般认为，人口结构的老龄化会造成以简单体力劳动为代表的劳动生产率的下降，从而引致劳动生产力水平的下降。从生产的技术构成来看，人口老龄化条件对其作用不确定，影响的决定因素为全要素生产率，即科技的进步。人口结构中适龄劳动力人口的相对减少，在科学技术水平不变的情况下，会导致劳动力价格上涨，如果生产的技术构成保持不变，企业就会减少劳动力的需求，如果科学技术水平上升，则生产技术构成可能会上升，如果劳动力的雇佣价格上涨幅度小于技术进步速度的话，工资率和企业雇佣人数都会上升。

（1）人口老龄化下劳动力供给减少。劳动力课税的对象是经济活动中的劳动力人口。根据联合国人口统计与预测数据，以 1970 年为界，世界人口变动（Average Dnnual Rate of Population Change）总体呈“倒 U”型。1950—1970 年，世界人口变动从 1.77 个百分点增长到 2.06 个百分点后开始下降。其中，1970—1975 年人口变动为 1.96 个百分点，1990—1995 年为 1.54 个百分点，2010—2105 年为 1.18 个百分点，而根据中等生育率下的预测数据，2095—2100 年人口变动为 0.13 个百分点。在总人口规模持续下降的条件下，人口结构变动则表现得更为明显。1950 年，世界 65 岁及以上人口与 20~64 岁人口之比为 10.00%，2015 为 7.00%，65 年间下降了 3 个百分点。而中等生育率下的预测数据显示，该比率将进一步下降，将从 2015 年的 7.00%进一步下降到 2100 年的 2.40%。

较发达国家人口变动率呈持续下降趋势。从 1950—1995 年的 1.19%下降到 2010—2015 年的 0.29%，而中等生育率下的预测数据则显示，2095—2100 年该变动率将进一步下降到 0.01%。其中，2010—2015 年，日本人口变动率为 -0.12%，希腊为 -0.4%，葡萄牙为 -0.45%，德国为 0.06%。从人口结构来看，1950 年较发达国家 65 岁及以上人口与 20~64 岁人口之比为 7.3%，2015 年该比率降为 3.4%，而中等生育率下的预测数据显示，该比率将在 2100 年进一步下降为 1.7%。相比发达国家，欠发达国家的人口结构相对较为年轻，1950 年 65 岁及以上人口与 20~64 岁人口之比为 12.6%，2015 年为 9.0%，而中等生育率上的预测比，2025 年为 6.8%，2045 年为 4.2%，2065 年为 3.2%，2085 年为 2.8%，2100 年为 2.5%。

从适龄劳动力人口数（15~64 岁）来看，世界总适龄劳动人口总体呈不断增加的态势。1950—2015 年，世界适龄劳动人口从 1950 年的 152921.6 万人，增加到 2015 年的 482548.4 万人，共增加 329626.8 万人。但较发达国家的适龄劳动力人口规模呈下降态势，其适龄劳动力人口从 1950 年的 52708.8 万人增长到 2010 年的 83281.9 万人后开始下降。此外，从预测数据来看，2015—2100 年，世界适龄劳动力人口总体呈上升趋势，欠发达地区和最不发达地区的适龄劳动力人口均保持增长，但欠发达地区的适龄劳动力人口增速不断减缓。而较发达地区适龄劳动人口的规模仍将持续减少，预计 2100 年为 71010.9 万人，将比 2015 年减少 11577.6 万人。

（2）人口老龄化对劳动生产率的影响。劳动生产率是经济发展的重要变量，一般是指生产要素开发利用的效率。从宏观经济角度来看，劳动生产率等于一定时间内国内生产总值和各种生产要素总投入的比值。因此，劳动生产率的高低受到各种生产要素投入的直接和间接的影响。一定数量的劳动力资源是经济发展的前提，而人口老龄化往往会导致劳动力年龄人口趋向老化，对经济发展产生一定的影响。

罗伯特·L. 克拉克（R. L. Clark）在《个人与人口老龄化经济学》一书中论述了经济生产年龄人口老龄化影响劳动生产率的提高。他指出，在劳动年龄人口中，年龄构成不同对经济发展有不同的影响。处于青壮年时期的 15~44 岁劳动力人口和处于接近衰老时期的 45~64 岁劳动力人口，在经济活动中的作用有明显的差别。

E. L. 桑代克（E. L. Thomdike，1847—1949）在《人的生命力与社会秩序》一书中指出，年龄对劳动生产率的影响在 50 岁以后尤其明显。人在进入 50 岁以后，其劳动能力和劳动速度逐渐下降，平均每年递减 1%~2%。劳动力人口进入 45 岁或 50 岁以后，尽管有较为丰富的经验，技术熟练，但随着年龄的增加，体力和记忆力逐渐衰减，从而会影响其从事生产劳动的速度、敏捷程度和质量。美国劳工统计局对不同行业劳动力年龄变化和劳动生产率关系的调查表明，从事鞋厂、服装厂和家具厂工作的工人的劳动生产率在45岁以后明显下降。人口老龄化带来的劳动力老化对总体生产率提高与经济增长的抑制作用增大，在知识经济迅速发展的部门尤其如此。

一般来说，人口老龄化表现为老龄人口在总人口中的比重上升，劳动力老龄化程度也会相应上升，劳动力资源相对缩减。据日本厚生省的统计与预测，日本于1970年进入老年型国家，1975年的劳动力人口老龄化系数为0.29，到1980年为0.32，1990年上升到0.36，到2000年进一步升至0.4。日本人口学家直广雄川在《日本人口老龄化的经济发展》一文中，预测日本的经济增长率将因人口老龄化和劳动力老龄化而趋于下降趋势，到21世纪初，经济增长率可能下降为1%或接近零增长。他认为日本经济增长率的减退是因为劳动力增长率下降和劳动力质量因年龄结构的变化而有所下降的结果。

西方发达国家和日本一样，经济增长速度因人口老龄化和劳动力老龄化而呈现减退趋势。

法国人口经济学家阿尔弗雷德·索维则认为，老龄化人口趋向于保守，缺少创造力，从而不利于劳动生产率的提高。在科学技术迅速发展、知识进步速度加快和竞争日趋激烈的条件下，劳动力人口老龄化，老龄劳动力人口接受新的知识和科学技术比青壮年时期的劳动力人口要迟钝，对新兴产业的适应能力也相对较弱，因此，随着人口老龄化，劳动力人口老龄化对于劳动生产率的提高是不利的。

但关于人口老龄化对劳动生产率的影响，有的经济学家则持乐观态度，约翰·奈比斯特在《大趋势》（1985）一书中指出，在高科技的信息社会里，使用的是脑力，而不是像工业时代那样使用体力，价值的不断增长不是通过劳动，而是通过知识来实现的。知识更新和高科技发展导致了产业结构和职业结构的变化，对劳动者智力的需求高于对体力的需求。而作为“次要劳动力”的老年人口和45~64岁的老年劳动力，其知识积累和劳动经验相对丰富，在一定程度上可以弥补体力的不足，不会严重影响劳动生产率的提高。事实上，减缓人口老龄化和劳动力人口老龄化不利影响的出路在于加快发展高科技产业为主的知识经济，提高生产自动化水平，减轻对老年劳动者体力的需求。因而他认为，以地区而论，在经济发达的国家和地区，提高劳动生产率靠的是科学技术，因为那里主要是技术密集型产业，对职工的脑力需求高于体力需求，劳动力人口老龄化对劳动生产率提高的不利影响较小，而且，熟练老职工的丰富经验对劳动生产率的提高还会产生有利的积极作用。而在一部分发展中国家和地区，农业生产和手工业生产属于劳动密集型产业，对体力的需求相对较高，劳动力人口老龄化的不利影响较大①。

（3）劳动力转移。刘易斯在他的“二元结构模型”中阐明了农村中普遍存在的潜在失业人口，其为这部分剩余劳动力从农村向城市转移提供了可能。通过这种人口转移，工业资本以较低的价格吸收了大量的农村剩余劳动力，从而增加了利润，充实了资本，扩大了企业的规模与实力。随着农村人口向城市转移，城市工业吸收了大量农村年轻劳动力，造成农村人口老龄化高于城市的状况，也造成了农村劳动力难以持续向城市提供劳动力的现状。

3.2.2 人口老龄化与资本税基

一国对资本的课税等于资本平均有效税率乘以资本收益率与资本存量，即资本平均有效税率×资本收益率×资本存量。

由上面的公式来看，资本税基受资本收益率和资本存量大小的影响。在人口老龄化背景下，人口结构中劳动力人口总额占总人口的比重相对下降，而退休人口所占的比重相对上升，这将引致在社会总基金中，用于消费的比重增加，用于生产投资的比重下降，而投资的减少会使资本存量增速减缓，

① 李仲生．人口经济学［M］．北京：清华大学出版社，2013：280.

进而导致资本税基增速减缓。此外，如果会对扩大再生产投资的增加额小于存量资本的折旧额的话，还会造成存量资本的减少和资本税基的减少。

从新古典索洛模型的核心方程 $\dot{k}=sf(K)-(g+n+\delta)k$ 出发，资本积累的增长速度与储蓄率和人均产出正相关，而与科技进步率、人口增长率和资本折旧率负相关。其中需要注意的是，储蓄率等于总产出减去消费后与产出的比率，而上面公式中的其他项与劳动力人口相关。由上面的核心方程构成来看，由于 $s=1-c$（c 为消费率），则在人口老龄化条件下，由于纯消费人口所占比重的上升导致 c 的上升，即导致储蓄率 s 的下降，而储蓄率 s 的下降会导致存量资本积累的下降；从核心方程中的人均产出 $f(k)$ 来看，人口老龄化条件下，假设技术构成和科技进步不变时，劳动力人口的相对减少，一方面导致总产出的下降，另一方面导致部分资本不能得到充分利用，而无论是上述哪种情况都会使社会总产出减少，在消费率上升的情况下，总产出的减少进一步导致储蓄率下降、资本存量减少，总产出下降；从持平项 $(g+n+\delta)k$ 来看，人口增长率减缓会使人均资本水平提高，但人均资本的提高是否会带来资本存量的增加还与技术构成和科技水平相关。

从宏观经济核算角度来看，投资等于储蓄。储蓄率是影响资本形成的重要因素。改革开放以来，我国的高储蓄为高投资的形成提供了有利的条件，同时推高了总需求和总供给，这成为我国经济快速增长的主要动力。中国资本存量在 1979—2010 年的平均增长率高达 11.68%，超过了 GDP 的增长速度。但从国际经验来看，随着人口老龄化进程的加快，储蓄率会趋于下降。

美国经济学家纳撒尼尔·H. 莱夫（Nathaniel H. Leff）利用一系列国家的数据表明，总负担系数和老年人口负担系数高会抑制储蓄率的提高。有些经济学者认为，生育率水平高，年龄结构属于年轻时，对储蓄有积极的作用；而生育率水平低，年龄结构趋向老化趋势，老年人口负担系数高时，对储蓄有消极的作用。梅森在 1985 年的研究中发现总负担系数高对储蓄有一定的影响。当人均收入增长为零时，高生育率对储蓄具有积极的影响，当人均收入增长率超过 4%时，高生育率对储蓄的影响具有副作用。

罗伯特·L. 克拉克和约瑟夫·约翰·斯彭格勒对人口老龄化与储蓄投资的关系进行了研究。他们在1980年出版的《个人与人口老龄化经济学》一书中指出，对于每一个人来说，进入老年以后由于收入降低，会带来个人储蓄的减少，但从总体人口来说，当人口老龄化处于劳动年龄人口比重稳定和上升的阶段时，对储蓄可能是有利的。对于个人来说，人口老龄化与储蓄的关系主要决定于这些人的年收入曲线、家庭开支情况以及社会保险、养老金安排等制度化的储蓄是否鼓励储蓄，或者其他动机是否鼓励储蓄。此外，还有满足表示生命周期需求的那些需要。退休使个人收入大幅度降低，退休人员的购买力也会因通货膨胀的影响进一步降低，而提前退休将会使个人的收入与储蓄能力下降的幅度更大。他还指出，人口老龄化和个人年老的趋向显然对投资相对不利，其特点是具有明显的风险和不稳定性。这种投资不同于一般风险性较小的投资，而是充满风险与不稳定世界中的防卫性投资。

弗朗科·莫迪利安尼（Franco Modigliani，1918—2003）在对人口老龄化与储蓄之间关系的研究中，提出了储蓄的生命周期假说。他认为，个人的储蓄反映了生命周期中个人储蓄的动机和数量受个人就业收入、退休时间以及社会保险中养老津贴的影响。他指出，人们在花费自己的收入时，总要结合生命循环的过程来考虑，特别是在退休前总是倾向于积极储蓄以备退休后使用，而退休后基本上停止储蓄，储蓄的目的是为退休后的消费提供保障。因此，储蓄和消费的决策不仅着眼于现实的收入，而且着眼于终身的收入。假定每年实际收入为 Y，退休前每年进行的储蓄为 S，工作年数为 N，每年的实际消费为 C，预期存活年数为 L。如果退休前每年进行的储蓄 S 等于每年实际收入 Y 减去每年的实际消费 C，其表达式为：

$$S=Y-C=Y(L-N)/L \tag{3.1}$$

式（3.1）表明，退休后每年预期需要的消费，要在退休前进行储蓄。而工作期间的储蓄可以表示为

$$(Y-C)N=C(L-N) \tag{3.2}$$

式（3.2）表明，工作期间的储蓄等于退休后的消费。根据这一假说，

退休前储蓄率往往呈现上升趋势，人口老龄化将导致储蓄率的下降。从长期趋势来看，由于老年人口的储蓄水平相对较低，老年人口的增加会带来总储蓄水平的降低，因此，人口老龄化对储蓄率提高的影响是消极的。通常在老年人口中，储蓄的数量和利息所得基本上是随着年龄的上升而减少，随着人口老龄化的加速，特别是老年人口内部的高龄老人增加，势必会影响储蓄，根据宏观经济学理论，储蓄等于投资，储蓄的减少等于投资减少，从而对经济的发展产生不利的影响。

3.2.3 人口老龄化与消费税基

一国对消费的课税等于总消费税平均有效税率乘以消费总量，即消费的平均有效税率×人均消费×人口总量。

（1）人口老龄化对消费水平的影响。根据弗朗科·莫迪利安尼的生命周期理论，一个理性的消费者会从一生效用最大化的角度来安排自己的消费，因而其消费在一生中是相对平滑的。凯恩斯认为个体的消费与收入直接相关，个体的消费随收入的增长而增长，但受边际消费倾向递减规律的制约，其消费随收入增长的幅度会趋于减缓。与凯恩斯不同，莫迪利安尼认为一个理性个体的消费决策，不仅受当前收入的影响，还受到其生命剩余期里的预期收入的影响。如图 3.2 所示，纵轴表示收入、消费总额，横轴表示代表性个体的生存时间。“倒 U”型的收入曲线表明，个体收入会随着年龄的增长而增长，但达到一定年龄阶段后，随着个体生理机能的下降，其收入也跟着下降。图 3.2 中较为水平的曲线表示代表性个体的终身消费水平。由于个体在青年时期和老年时期没有劳动收入或者劳动收入相对较低，因而消费高于收入，有负储蓄。进入中年后，个体的生理机能、工作经验都随着年龄的增长而提高，这一时期代表性个体的收入高于消费，有正储蓄。假设代表性个体在青年时期处于知识积累阶段，并从 A 点开始参加工作，在 B 点或 B_1点退休。

人口老龄化下，一个经济体中退休人口相对增加，即退休的时点由 B 点上升到 B_1点（可由代表性个体工作时间的缩短和退休时间的延长来表示），此时代表性个体的消费曲线向上弯曲，表示为图中的 AB_1 线。如图 3.2所示，消费曲线 AB_1 高于消费曲线 AB，表明在其他条件不变的情况下，随着人口年龄结构的老化，社会总体的消费基金会增加，社会总消费水平会上升。但是从代表性个体来看，其消费水平是否升高与其个人工作时期的储蓄额和养老保障制度相关。在现收现付制下，代表性个体退休后的消费由个体中年时期形成的储蓄和退休后工作人口上缴的养老保障税费构成。在现收现付制的养老保障体制下，随着人口老龄化进程的加快，工作人口占比相对减少，则在科技进步不变的条件下，整个社会的总消费水平会上升。从代表性个体储蓄来看，其储蓄来源于其工作时期收入与消费之差，在现收现付制的养老保体制下，随着退休人口占比的相对增加，为保证养老保障资的充足，工作人口需要上缴更多的养老保障税费，这会造成代表性个体在工作时储蓄水平的下降，而代表性个体工作时期的储蓄是其退休后的消费储备。因此，这会造成代表性个体在退休后用于消费的个人储蓄不足，以及社会消费水平的下降。可见，消费水平最终是否会上升与生产力发展水平直接相关。此外，代表性个体处于不同的年龄段时，其消费需求是不一样的，如青年时期的消费主要是用以知识的储备，中年时期的消费主要是耐用消费品的购买，而老年时期的消费则主要是用于日用消费品、医疗服务等。

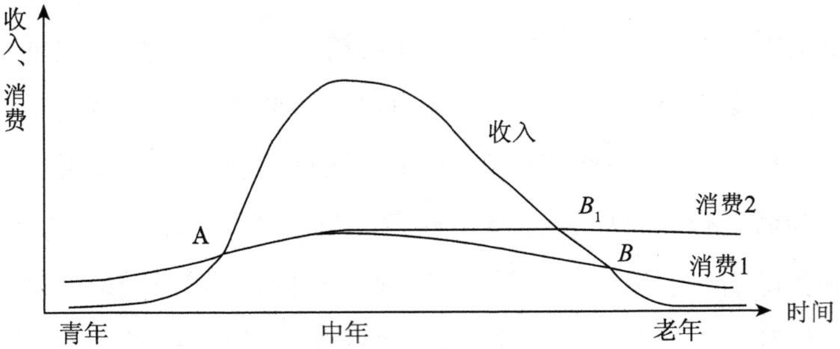

图 3.2　理性个体一生消费与储蓄

（2）人口老龄化对消费规模的影响。按照经济学理论，市场是由人口、消费意向和购买力构成的，最终取决于消费，而消费市场的规模是由人口数量的大小决定的，消费最终归结为人的消费。在人口老龄化的国家，老年人口是银发市场的主体，老年人口的增加和比重相对上升，引起消费结构的变化，老年人口消费在整体消费市场中所占的份额越来越大。但就一个国家的整体消费而言，年龄结构的老龄化正在进行的过程中，消费支出呈现逐渐扩大的倾向，在老龄化社会，消费支出呈现出减少趋势，年龄结构的变化影响了消费结构。

在评价老年人的消费模式方面，克拉克和斯彭格勒认为，作为个人消费来说，一般随其在生命周期内所处的不同阶段而变化，部分原因是受家庭生命周期的影响。消费本身随消费者的年龄、生理、职业和收入的变化而变化。老年人的收入水平相对下降的变化、主要消费支出以及开支模式对消费结构具有一定的影响。老年人的供养制度的变化也影响了老年人的消费。他们还认为，老年人口数量与相对比重的增加会促使老年人专用商品的需求量增多，而且会鼓励私人企业或国有企业积极发展老龄产业和繁荣批发市场，以迎合老年人的需要。

（3）人口老龄化对消费结构的影响。人口老龄化下，老龄人口比重上升，有利于老年人消费商品需求的增大，特别是对衣服、食品和其他日用消费品需求的上升，而对于住宅建筑、汽车等耐用消费品的需求往往不会增加。这样，在人口老龄化形成的社会消费结构中，对日常用品，特别是老年人的日常用品的消费增加，对耐用消费品的消费则保持不变，或使其所占比重有所下降。

此外，在人口老龄化的国家，老年人口的收入水平通常随着年龄的升高而呈现出下降趋势，据 1992 年美国人口统计，如果以 55 岁的准老年人的经济收入为 100 计算，那么 55～64 岁的初龄老年人的收入水平为 158，65～74 岁的低龄老年人为 99.1，75～84 岁的中龄老年人为 67，85 岁以上的高龄老年人只有 52.7，高龄老年人的平均收入水平与 55 岁的准老年人相比，降低了近一半。

因此，老年期的平均消费随着年龄的衰老而减少，因而从购买力下降角度来说，在人口老龄化的国家，人口老龄化形成的消费规模和结构，对于经济发展是不利的。

3.3 社会保障税（费）与一般税收的关系

随着人口老龄化进程的加快、老年抚养比的上升、养老保障资金占社会总资金规模的不断扩大，养老保障的筹资方式、规模等成为经济学家热议的焦点之一。养老保障的核心问题是养老保障的筹资方式。从世界范围来看，虽然世界各国纷纷推进养老保险的私有化改革，以应对人口老龄化所带来的养老保障筹资压力，但以强制性税收为手段的“第一支柱”的社会基本养老保障仍是世界各国养老保障体系的基础。基本养老保险一般采用现收现付制，从税收经济学的视角来看，“现收现付”的养老保险制度实质上等同于对劳动力课税。

现收现付制是以同一个时期正在工作的一代人的缴费来支付已经退休的一代人养老金的制度安排。它以当年或近期内资金收支的横向平衡为资金筹集和待遇支付的原则。养老保险收入仅仅满足当前预算期内的支出需求，而不为以后留存积累资金。养老金分发时则考虑个人工作期间的工资收入和退休后的资产数量，将基金相对平均地分发给退休者。这种模式的特点是“代际赡养”，即由当前工作的一代人供养退休的一代人。该模式的特点是易于操作，且基金的平衡不受通货膨胀率和利率波动的影响，但该模式在人口老龄化进程不断加速的条件下，很难实现财务上的系统平衡。在现收现付制下，养老保险待遇的确定多采用确定给付制，年金收益是确定的，其与缴费的关联度不是很密切，在资金的筹集方式上多采用工资税的形式，有时也以政府财政收入为补充。在公共的现收现付制的养老保险制度安排下，政府往往承担相关的立法、筹资、管理和保证提供年金等主要责任，负责对实际收入进行代际和代内的再分配。从社会财富的再分配角度来看，现收现付制的实质是代际的转移支付，即由工作的一代人支付当前退休一代的养老金①。从我国目前的养老保险体制来看，虽然我国现行养老保险制度设计为“部分积累制”，但由于其在实际运行中存在的转轨成本大、个人账户“空账”率高等问题，我国的养老保险制度实际上成为“现收现付制”。

在现收现付制下，政府根据社会养老保险支出的需求，按照就业人数计算出需要缴费或税的比例，向所有工作的人征收社会养老保险税（费），然后将取得的征缴收入按照制度的设计方案分发给被保险人，以收抵支。可见，工作人口为保险税（费）的缴款人，而退休人口是保险的受益者。设退休人口数为 N_0，人均养老金支付标准为 P，在职工作人口数为 Ne，在职人员的人均工资收入为 Y，养老保险税率为 θ，按照收支平衡的要求，在职工作人员缴纳的养老保险税应等于当期的养老保险支出额，即

$$N_0P=NeY\theta \tag{3.3}$$

从而社会养老保险税（费）率为：

$$\theta=N_0P/N_eY=(N_0/N_e)\cdot(P/Y)$$

从式（3.3）可以看出，养老保险税（费）率由（N_0/N_e）、P 和 Y 所决定，即养老保险税（费）率与老年人口赡养比和平均支付呈正向变化，而与在职人员的平均工资水平呈反向变化。随着人口老龄化程度的加重、老年人口赡养比的上升，在其他条件不变的情况下，养老保险需求的刚性增长，会导致一国宏观税负水平的提高。

此外，养老保险征缴对象本质上为在职职工的工资、薪金收入和自营人员的收入额，但从具体筹资方式上来看，养老保险的资金来源于政府、雇佣单位和个人三方。各方负担的比例直接反映了不同责任主体承担的税费负担水平，同时也造成了养老保险税费与一般性税收的税基重合。

3.3.1 养老社会保障税（费）与所得税的关系

从世界各国养老社会保障筹资的手段来看，无论是采用征税的方式，

---

① 袁志刚，封进，葛劲峰．养老保障经济学［M］.北京：中信出版社，2016：32.

还是强制性储蓄的方式或者其他，养老社会保障筹资对象都主要是针对工资、薪金所得征收，即对劳动所得进行征缴，因而从其对宏观经济的影响方式来看，它是当今世界各国所得课税体系的一个重要组成部分，并与企业所得税、个人所得税均存在必然联系。这种必然联系使得研究所得税时必须将养老社会保障筹资考虑进来。同理，研究养老社会保障筹资的经济影响时也不可能忽略所得税，否则，对所得税及其效应的任何解释都是不完全的[①]。

（1）养老社会保障筹资与企业所得税。从世界范围来看，各国社会保障的筹资对象为参加本国养老社会保障人员的工资、薪金所得。多数国家中，一般由雇主与雇员各自负担社会保障税（费）的一半，但也有部分国家雇主所负担的比重较大。雇主为员工所缴纳的养老社会保障税（费）可在计征企业所得税时全部列支。对于雇用单位而言，缴纳养老社会保障税（费）与增加工资本质上没有差异。因此，雇用单位会将养老社会保障税（费）视为雇用成本的组成部分。一般而言，在技术构成及其他条件没有改变的前提下，劳动力成本的上升会造成在相同产出的条件下企业利润下降，这又进一步减少了企业所得税的税基，减少了企业所得税。

现实中，养老社会保障筹资对企业所得税收入的实际影响程度的大小则具体取决于劳动力市场的供求弹性。从长期的角度看，劳动力市场可以自动出清。在不征缴养老社会保障税（费）的条件下，由图 3.3 可以看出，在劳动力供给与需求曲线组成的（L，W）坐标平面上，市场在 E 点达到均衡。现在假设以无限小的比例 dt 对工资征收养老社会保障税（费），如果工资净额为 w，则现在的工资总额为 $w(1+dt)$。在工资净额不变的情况下，由于征税使得工资总额增加，劳动力需求就会减少，新的市场均衡点就移至 E'，显然，此点的工资净额和就业量较 E 点的要低，而工资总额却增加了。于是，工薪税由雇主（利润因工资成本上升而减少）和雇员（收入因工资净额下降而减少）共同承担。

---

① 袁志刚，封进，葛劲峰．养老保障经济学［M］．北京：中信出版社，2016：119.

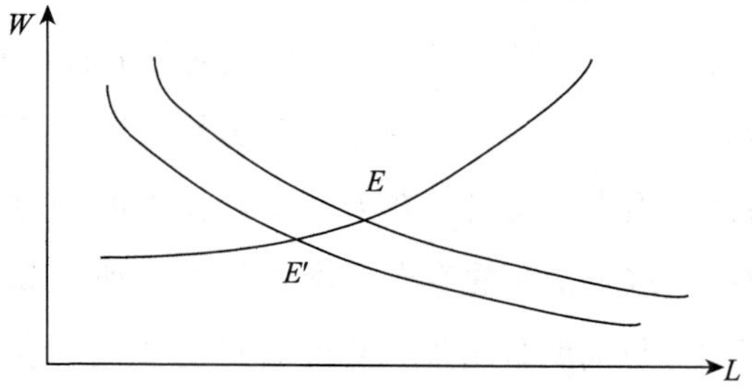

图 3.3 社会保障税（费）负担归宿

可见，上述分析结果与现实中具体由谁来缴纳养老社会保障税（费）并无直接关系。养老社会保障税（费）的具体影响显然依赖于供给和需求曲线的弹性。供给弹性和需求弹性分别为：

$$\varepsilon_D = -\frac{wL^{d'}}{L}, \varepsilon_S = -\frac{wL^{s'}}{L} \tag{3.4}$$

在对工资以税率 t 征收社会保障税（费）后，劳动力市场便达到一个新的均衡：

$$L^d w(1+t) = L^s(w) \tag{3.5}$$

假设税（费）率从 $t=0$ 开始，则对式（3.5）两边微分可得

$$\frac{\partial \log w}{\partial t} = -\frac{\varepsilon_D}{\varepsilon_S + \varepsilon_D} \in \left[-1, 0\right]$$

可见，只要需求比供给更富有弹性，工资净额就会下降。如果设工资总额 $W = w(1+t)$，则通过上述推导，可得到：

$$\frac{\partial \log W}{\partial t} = \frac{\varepsilon_S}{\varepsilon_s + \varepsilon_D} \in \left[0, 1\right] \tag{3.6}$$

即只要需求比供给缺乏弹性，则工资总额就会增加。此外，由图 3.3 可见，虽然均衡点 E 与 E' 都在劳动力供给曲线上，但 E' 低于 E 点，这表明就业量较之前有所下降，其下降幅度可由式（3.7）来表示：

$$-\frac{\partial \log L}{\partial L} = \varepsilon_S \frac{\partial \log w}{\partial t} = \frac{\varepsilon_S \varepsilon_D}{\varepsilon_S + \varepsilon_D} \tag{3.7}$$

因为，$\varepsilon_S\varepsilon_D/(\varepsilon_S+\varepsilon_D) = 1/(1/\varepsilon_S + 1/\varepsilon_D)$，由此可见，劳动力供给弹

性越大，就业量下降得就越多。因此，在一个劳动力丰富的经济中，劳动力的供给弹性大大小于需求弹性时，雇主负担的养老社会保障税（费）可以通过减少劳动力需求、压低工资的方式转嫁给员工，从而实际负担的社会保障份额较名义负担小。反之，在人口老龄化程度相对严重的社会，劳动力需求缺乏弹性，这时企业的生产成本将随着劳动力成本和养老社会保障税（费）负担的加重而明显增加，企业所得税收入也会因经营利润的减少而减少。

（2）养老社会保障税（费）与个人所得税。养老社会保障税（费）与个人所得税之间存在着密切的关联性。以工薪收入为纳税人的个人所得税与以工薪所得为征缴对象的社会保障税（费），两者在本质上具有同一性，且两者都由劳动者负担，且都难以转嫁。同时，由于养老社会保障税（费）中雇员应缴纳的部分由雇主在支付工资时代为扣缴，因而在方式上与个人所得税也是没有区别的。此外，二者的相关性还在于个人所得税可以在一定程度上弥补养老社会保障税（费）的累退性。养老社会保障税（费）与个人所得税之间也存在明显的区别。如养老社会保障税（费）是对工资薪金的毛所得进行征缴，它不考虑家庭人口的多寡和其他特殊情况，没有宽免扣除，而个人所得税一般对纯所得征税。此外，养老社会保障税（费）征缴对象不包括工薪收入之外的所得，而个人所得税的课征几乎涉及个人所有的物质所得。另外，养老社会保障税（费）一般采用单一的比例税（费）率，而个人所得税一般采用累进税率。最后，养老社会保障税（费）一般只对工资薪金收入中的限额部分征税，即当工薪收入超过一定限额后不进行征缴，而个人所得税没有这一规定。

3.3.2 养老社会保障税（费）与增值税的关系

养老社会保障税（费）与增值税的关系。如上所述，养老社会保障税（费）以工资、薪金所得为征缴对象，且没有任何抵免或扣除。增值税是以货物或劳务提供过程中就其流转额中的增值部分为征税对象的税种。从商品的价值构成来看，养老社会保障税（费）以 V 为征缴对象，而增值税

以 $V+M$ 为征税对象，两者存在重叠。从会计核算的角度来看，养老社会保障税（费）构成工资、薪金的组成部分，最终计入企业的生产成本（V 其中含养老社会保障税费），而增值税实行价税分离的计税模式，以其不含税销售额全额计税，并可抵扣外购货物及劳务所负担的税款，其实质上以 $V+M$ 部分为征税对象。从生产企业的角度来看，养老社会保障税（费）与增值税实际上都是对生产过程进行课征，即无论企业是否产生利润，只要企业有生产经营活动就会产生税收，而企业所得税则是以企业的应税利润为征课对象，如果企业没有产生利润，也就不会产生企业所得税税负。

此外，从实践来看，养老社会保障税（费）与增值税的经济作用相同。早在20世纪80年代初，比利时就进行过一次用增值税替代部分养老社会保障税为社会保障制度筹资的改革。当时，比利时养老社会保障税税率过高，其占劳动力成本的比重在20世纪60—70年代上升了7个百分点，占劳动力成本的25%。这带来了企业对劳动力需求的下降，以及产品出口竞争力大为下降等问题。其改革方案为，将养老社会保障税税率降低6.17%，相应提高增值税税率，用增值税收入的一部分来弥补养老社会保障税收入的损失。但新的问题是，由于增值税税率提高以后，带动了物价的全面上涨，且由于工会与企业雇主之间工资与物价指数挂钩的契约性协议，物价上涨最终导致工资大幅度提高。这样，劳动力成本实际上并没有因养老社会保障税的降低而有所下降。以致比利时政府在1983年不得不放弃这一改革措施①。

3.3.3 养老社会保障税（费）与其他税的关系

养老社会保障税（费）与其他税的关系。作为市场经济运行的“安全阀”，社会保障制度是社会发展的稳定器，但其能否充分发挥作用，则取决于社会保障收支的制衡关系和最终保证是否稳定、可靠。实际中，无论采用何种筹资方式，在市场经济中，经济波动带来的不确定性使得失业、

---

① 庞凤喜．社会保障税研究［M］.北京：中国税务出版社，2008：126.

养老、疾病等社会风险无处不在，给社会保障收支平衡带来了极大的不确定性，客观上要求国家财政为社会保险提供最后担保。否则，社会保障功能和作用的发挥将会被大为削弱。“也正因如此，目前世界上不少国家在养老社会保障税（费）收入收不抵支时，通常都是国家财政承担最后责任的。在欧美等一些社会保障体系较为完善的国家，社会保障资金来源除一般的养老社会保障税（费）收入外，政府的财政拨款、补贴和一些专门税收等也是社会保障基金筹集的重要方式。如加拿大、比利时、法国等国家都通过一种或数种‘特别税’，用以补充社会保障经费开支。加拿大立法规定了 3 种特别税收来作为社会保障筹资的补充方式：①按售价征收 22% 的销售税；②按所得税额 2% 征收的所得税；③按企业利润征收 2.3% 的公司利润税[①]”。

① 庞凤喜．社会保障税研究［M］.北京：中国税务出版社，2008：127.

4 人口老龄化背景下人口结构变动对我国税制的影响

通过上一章的分析得出，随着人口老龄化进程的加快，对养老社会保障资金需求的增加，成为推动宏观税负上升的主要影响因素。此外，随着人口老龄化进程的加快，人口结构的变化引致了要素市场供给结构的变化，进而带来税基的变动，并引致税制结构的变动。

4.1 我国税制演进概况

4.1.1 改革开放前的税制

新中国税收制度的初步确立时间为 1949—1957 年。新中国成立之初，我国没有建立统一的税制。当时存在税制不统一、新旧税制并存的问题，即原解放区的区域性税制和新解放区暂时沿用的旧税制。1949 年 9 月 29 日，中国人民政治协商会议第一届全体会议通过了具有临时宪法性质的历史性文献——《中国人民政治协商会议共同纲领》。该纲领的第四十条中规定了新中国的税收政策为“国家的税收政策，应以保障革命的供给、照顾生产的恢复和发展及国家建设的需要为原则，简化税制，实行合理负担”。同年 11 月，首届全国税务会议拟定了《全国税政实施要则（草案）》及若干税法的草案，并于 1950 年 1 月 30 日，由政务院通令发布。要则中暂设定了 14 种税收为中央和地方税。此后，政务院在此基础上公布了相关的实施细则和部分税种的调整政策。

随着对生产资料的社会主义公有制改造的推进，1955 年 8 月召开的五届全国税收会议上基本确定了中国今后税制改革的方向，即向苏联的先进税制方向发展。会议确定了中国今后的税制由国营企业的周转税和非商品业务税、合作社企业和集体农庄的周转税和所得税、居民的各种税收三类构成。在上述指导思想下，我国税制简化为14个税种，即工商统一税、牲畜交易税、工商所得税、利息所得税、盐税、城市房地产税、车船使用牌照税、契税、屠宰税、文化娱乐税、农业税、牧业税、关税和船舶吨税①。

20世纪50年代末期，在“左”的思想影响下，总体上试行了“税制合一”的财税政策。而在此后的1966—1976年，受“文革”的影响，我国税制建设受到了巨大的破坏。在“合并税种，简化征收方法”的指导思想下，虽然当时共有13个税种，但国营企业只交工商税，集体企业则只交工商税和工商所得税，农业生产队只交农业税，而个人几乎不需交税。

1958—1978年，税制结构上，流转税收入占税收收入的比重很大。例如，1974年，全国的工商税和关税收入占税收总额的79.8%，较1959年上升了5.2个百分点；工商所得税收入占税收总额的8.6%，较1959年上升了6.4个百分点；农牧业税则下降了7.7个百分点，占税收总额的8.4%。

4.1.2 改革开放后的税制

改革开放后，为顺应经济体制改革的要求，我国税制体系也进行了重大的改革。

（1）1978—1993年的税制改革。这一时期，为适应发展有计划的商品经济的要求，税制改革的主要内容是涉外税制的建立与完善及国营企业的“利改税”。这一期间的一系列改革后，我国初步建立了以流转税、所得税为主体，其他各税种相结合的复合税制体系②。其中包括5种流转税、12种所得税、3种资源税、2种财产税、13种行为目的税和2种农业税。通

① 刘佐．中国改革开放以来税收制度的发展：1978—2001［M］．北京：中国财政经济出版社，2001：25.

② 谢旭人．中国财政改革三十年［M］．北京：中国财政经济出版社，2008：128.

过税制改革，顺应了多种经济成分、多种经营方式、多种分配方式并存的经济状况，不但保障了市场主体的活力，而且也增强了税收调节作用。“利改税”建立了国营企业所得税制度，打破了多年来企业只交利不交税的状况，加快了国营企业走向独立市场经济主体的步伐。增值税的实行，减轻了商品流通环节中重复计征的税制弊端，有利于分工与专业化协作生产。

1991 年，我国的国内生产总值和税收总额分别达 21617. 8 亿元和 2990. 2 亿元，较 1982 年增长了 3. 1 倍和 3. 3 倍，年均增长率分别为 16. 9%和 17. 5%（均按照现价计算）。从税制结构来看，由于国营企业“利改税”的推行、非国有经济的发展和对个人所得征管工作的加强，所得税收入大幅度增长，所得税收入占税收总额的比重也大幅上升。1991 年，全国所得税收入为 686. 5 亿元，比 1982 年增长了 13. 2 倍。所得税收入占税收总额的比重为 23. 0%，比 1982 年上升了 16. 1 个百分点。与之相比，流转税收入占税收总额的比重较 1982 年下降了 23. 0 个百分点，占税收总额的 62. 8%。农牧业税收入所占的比重为 2. 4%，比 1982 年下降了 1. 8 个百分点。

（2）1994 年的“分税制”改革。1994 年我国进行了新中国成立以来最大的一次税制改革，并初步建立了与社会主义市场经济体制相适应的现代税制。1993 年 11 月 14 日，党的十四届三中全会通过的《中共中央关于建立社会主义市场经济体制若干问题的决定》提出了加快财政体制改革和发展的步伐，进一步完善税收体制的决议，并确立了“统一税法、公平税务、简化税制和合理分权”的原则。1993 年 11 月 26 日，国务院原则通过了《工商税制改革实施方案》和增值税、企业所得税等 6 个税收暂行条例。

改革的主要内容为：统一内资企业所得税。税种上，把原国营企业所得税、集体企业所得税和私营企业所得税 3 个税种合并为企业所得税，并取消了国营企业调节税、国家能源交通重点建设基金和国家预算调节基金。税率上，不再区分不同经济成分，统一税率为 33%，并对一些小企业设置了低税率，即 27%和 18%。征管上，统一了各类企业的计税口径，规范了税收优惠政策，简并个人所得税。改革后，原个人所得税、个人收入调节税及城乡个体工商户所得税合并为个人所得税。应税项目中增加了“个体工商户的生产、经营所得”“对企业事业单位的承包营业所得”“财产转让所得”和“偶然所得”。征管上统一采用“分类分项”的征收办法，对不同的征税项目，适用不同的扣除办法，以利于税源监管，以增值税为核心构建流转税。将原对内资企业征收的产品税、增值税、营业税，以及对外商投资企业和外国企业征收的工商统一税加以整合，形成了以增值税为主体的统一的流转税体制。其他税种改革上，主要有开征土地增值税以规范房地产交易秩序，整合农业税，将原征收产品税和 10 个农产品税目与农林特产税合并为统一的农业特产税，取消了国营、集体、事业单位的奖金税等，完善关税制。随着对外开放程度的不断提高，我国首先降低了关税的总水平；其次，对进口税收优惠政策进行了系统清理，使进口税收优惠政策从以地区优惠为主全面转向以产业优惠为主，使之日益走向法制化和规范化。

分税制改革是我国新中国成立以来影响最为深远的一次税制改革。本次改革基本确立了我国现行的税制体制，并为市场经济体制的进一步巩固和发展提供了有力的制度保障。其作用表现为：初步统一了税法，实现了公平税负，为建立统一、高效、自由竞争的市场环境提供了税制基础；打破了原流转税中重复课税的弊端，有利于社会生产的专业化；推动了经济结构的有效调整，优化了资源配置，避免了重复建设带来的资源浪费；加快了我国税制与国际税制的接轨，为我国加快开放的步伐提供了税制条件。

4.1.3 2003 年以来的税制

我国的分税制改革基本上确立了符合市场经济规律的税制体系。以后的改革，基本上是在原税制的基础上进行了渐进式改革和结构性改革。重要改革有：

（1）统一内外资企业所得税。改革开放初期，限于资金和技术的匮乏，为吸引外资，我国对外国资本实际上实行了超国民待遇的税收政策。1994 年税改后，我国对外资企业实行《外商投资企业和外国企业所得税法》，而对内资企业适用《企业所得税暂行条例》。在法定税率上，内资企业适用33%的税率，外资企业适用30%的税率和地方所得税税率3%。虽然两者总合税率相等，但实际上由于地方政府对引进外资的竞争，多数地方政府没有征收地方所得税，这造成了内外资企业竞争上的不公平。2007年，第十届全国人民代表大会第五次会议审议通过了《中华人民共和国企业所得税法》，最终实现了两税的统一。

（2）增值税改革。增值税的重大改革主要有两项。其一，生产型增值税向消费型增值税的转变。1994年进行增值税改革时，考虑到消费型增值税可能对财政收入带来的压力，我国实行了生产型增值税。随着我国经济的快速增长，经济规模的不断扩大，资源、劳动力要素的稀缺性开始显现，这使我国的制造业成本上升，利润空间收窄，加之2008年世界性金融危机对我国出口的不利影响，我国经济增长速度明显放缓。为促进投资以及产业的升级，我国于2009年全面实行消费型增值税。其二，增值税的扩围。随着我国经济的发展、制造业的升级、市场供给能力的极大提升和市场分工的不断细化，货物和劳务的界限日趋模糊。与此同时，原增值税和营业税的并存所造成的对服务业的重复课征，不利于服务业的发展，也不利于我国产业结构升级的总体战略。在此背景下，2011年11月16日，经国务院批准，财政部和国家税务总联合印发了《营业税改征增值税试点方案》的通知。通知要求按统筹设计、分步实施，规范税制、合理负担，全面协调、平稳过渡的三原则进行。之后，我国相继发布了《交通运输业和部分现代服务业营业税改征增值税试点实施办法》（财税〔2011〕111号）和《国家税务总局关于营业税改征增值税试点有关税收征收管理问题的公告》（国家税务总局公告〔2011〕77号）等文件，以保障“营改增”的有序进行。2012年，我国“营改增”的帷幕正式拉开以来，上海作为首个试点城市，在铁路运输除外的交通运输业和部分现代服务业（鉴证咨询、信息技术服务、物流辅助等6个行业）开展营业税改征增值税的工作。此后，试点地区分批扩大到北京、天津等8个省及直辖市。2013年国务院会议决定，自2013年8月1日起，在全国范围内全面推开试点行业的营业税改增值税的工作。2014年国家税务总局发布了《邮政企业增值税征收管理暂行办法》（国家税务总局公告 2014 年第 5 号 ）和《铁路运输企业增值税征收管理暂行办法》（国家税务总局公告 2014 年第 6 号）的公告，使增值税的征税范围进一步扩大。2016 年 5 月 1 日，我国已经实现全面“营改增”。

（3）资源税由从量计征向从价计征过渡。自“分税制”改革以来，我国的资源税一直以从量方式计征。随着经济总量的不断增长，我国对资源的消耗越来越大，为平衡经济发展与资源有效利用间的关系，提高资源的综合利用率，财政部和国家税务总局印发了《新疆原油天然气资源税改革若干问题的规定》（财税〔2011〕54 号）的通知。通知规定，对新疆开采天然气和原油资源的纳税人所征收的资源税，按 5%从价征收。2011 年 10 月 28 日，政财部和国家税务总局发布了《中华人民共和国资源税暂行条例实施细则》（中华人民共和国财政部 国家税务总局令第 66 号），这表明了对原油、天然气从价计征的征税方式正式确立。2014 年财政部和国家税务总局发布了《财政部　国家税务总局关于实施煤炭资源税改革的通知》（财税〔2014〕72 号）。自此，资源税中从价计征的税目扩大为 3 个。

（4）在全国范围内取消了农业税。为进一步减轻农民负担、增加农民收入，国务院决定分期分批取消农业税。2003 年首先在安徽省实施免征农业税的改革试点。2005 年 12 月 29 日，第十届全国人民代表大会常务委员会第十九次会议做出决定，从 2006 年 1 月 1 日起废除《中华人民共和国农业税条例》。

4.2　养老保险需求的刚性增长对我国宏观税负的影响

参照 OECD 成员国宏观税负的统计体系，社会保障筹资是宏观税收的重要组成部分。社会保险体系中，人口老龄化对养老保险的影响最为直接，而我国现行养老保险体系中城镇职工养老保险规模占整个养老保险体系规模最大，因而下文以占比较大的城镇职工养老保险为例进行分析。

4.2.1　人口老龄化导致养老保险基金收入增速超 GDP 增速

人口老龄化是导致养老保险基金增速快于 GDP 增速的主要原因。2012

年以来，中国劳动年龄人口呈减少趋势，即缴纳养老保险的人数逐年减少，而人口的快速老龄化使领取养老保险的人数逐年增加，对养老保险基金的刚性需求是导致我国养老保险筹资增速长年快于 GDP 增速的重要原因。

随着我国人口的老龄化，2011 年和 2012 年，中国人口出现了对未来社会经济结构发展具有深远影响的结构性变化。2012 年，中国 15~59 岁劳动年龄人口的绝对量减少了 345 万人，出现了相当长时期以来的绝对数量的第一次减少（注：以上数据来源于中国国家统计局网站，如无特别说明，则来源均为此）。2013 年，劳动年龄人口比 2012 年又减少了 244 万人，2014 年又比 2013 年减少了 113 万人，2015 年比 2014 年减少了 108 万人。

如图 4.1 所示，我国城镇参加养老保险人数 2000—2011 年总体呈上升趋势，从 2012 年开始，随着劳动力人口绝对数的减少，我国城镇参加养老保险人数增长率开始呈下降趋势。而与此相反，我国离退休人员参加养老保险人数增长率则从 2012 年开始高于在职职工参加养老保险人数增长率。

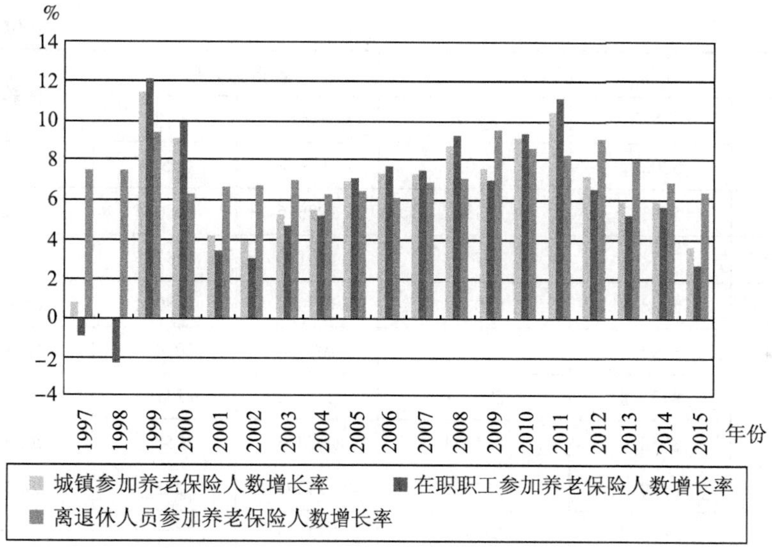

图 4.1　城镇养老保险、职工养老保险与离退休人员养老保险参保人数增长率

数据来据：中国国家统计局网站。

《中国人力资源和社会保障年鉴2015》的数据显示，截至2014年年底，城镇职工基本养老保险总参保人数达到了25531万人，比1990年增长了4.91倍。2014年，城镇职工基本养老保险总参保人数中离退休人员为8593.4万人，比1990年增长了8.90倍。此外，我国城镇职工基本养老保险参保人数一直呈上升趋势，但近年来其增速不断减缓，1990—2014年，我国城镇职工基本养老保险参保人数年均速长率为7.1%。2007—2010年，我国城镇职工基本养老保险参保人数年均速长率为8.25个百分点。2011—2014年，我国城镇职工基本养老保险参保人数年均速长率为7.23个百分点，比上个4年减少了1.02个百分点。1990—2014年，我国城镇职工基本养老保险的制度内赡养比，从1990年的18.56%上升到2014年的33.66%，上涨了15.1个百分点，这也意味着2014年我国城镇职工养老保险制度内不到4个人赡养1个老年人。

表4.1 历年全国参加城镇职工基本养老保险职工和离退休人员及赡养比

单位：万人

年份	职工		离退休人员		赡养比
	合计	企业	合计	企业	
1990	5200.7	5200.7	965.3	965.3	18.56%
1991	5653.7	5653.7	1086.6	1086.6	19.22%
1992	7774.7	7774.7	1681.5	1681.5	21.63%
1993	8008.2	8008.2	1839.4	1839.4	22.97%
1994	8494.1	8494.1	2079.4	2079.4	24.48%
1995	8737.8	8737.8	2241.2	2241.2	25.65%
1996	8758.4	8758.4	2358.3	2358.3	26.93%
1997	8670.9	8670.9	2533	2533	29.21%
1998	8475.8	8475.8	2727.3	2727.3	32.18%
1999	9501.8	8859.2	2983.6	2863.8	31.40%
2000	10447.5	9469.9	3169.9	3016.5	30.34%
2001	10801.9	9733	3380.6	3171.3	31.30%

续表

年份	职工		离退休人员		赡养比
	合计	企业	合计	企业	
2002	11128. 8	9929. 4	3607. 8	3349. 2	32. 42%
2003	11646. 5	10324. 5	3860. 2	3556. 9	33. 14%
2004	12250. 3	10903. 9	4102. 6	3775	33. 49%
2005	13120. 4	11710. 6	4367. 5	4005. 2	33. 29%
2006	14130. 9	12618	4635. 4	4238. 6	32. 80%
2007	15183. 2	13690. 6	4953. 7	4544	32. 63%
2008	16587. 5	15083. 4	5303. 6	4868	31. 97%
2009	17743	16219	5806. 9	5348	32. 73%
2010	19402. 3	17822. 7	6305	5811. 6	32. 50%
2011	21565	19970	6826. 2	6314	31. 65%
2012	22981. 1	21360. 9	7445. 7	6910. 9	32. 40%
2013	24177. 3	22564. 7	8041	7484. 8	33. 26%
2014	25531	23932. 3	8593. 4	8013. 6	33. 66%

数据来源:《中国人力资源和社会保障年鉴 2015》。

劳动力人口的减少、养老保险制度内抚养比上升，导致养老保险基金需求快速增长。如图 4. 2 所示，2003 年后，我国养老保险基金支出的平均增长率为 19. 28%，养老保险基金收入的平均增长率为 18. 97%。可见，养老保险基金支出的刚性增长是导致养老保险基金收入（税费收入）快速增长的直接成因。从养老保险基金收、支的增长率来看，2003 年后，两者的增长率均快于我国 GDP 的增长速度。根据国家统计局的数据，2000 年我国老年抚养比为 9. 9%，2010 年我国老年抚养比为 11. 9%，上涨了 2 个百分点，而 2015 年我国老年抚养比为 14. 3%，比 2010 年上涨了 2. 4 个百分点。可见，人口老龄化的加速是导致养老保险基金增长率快于 GDP 增长率的重要原因。

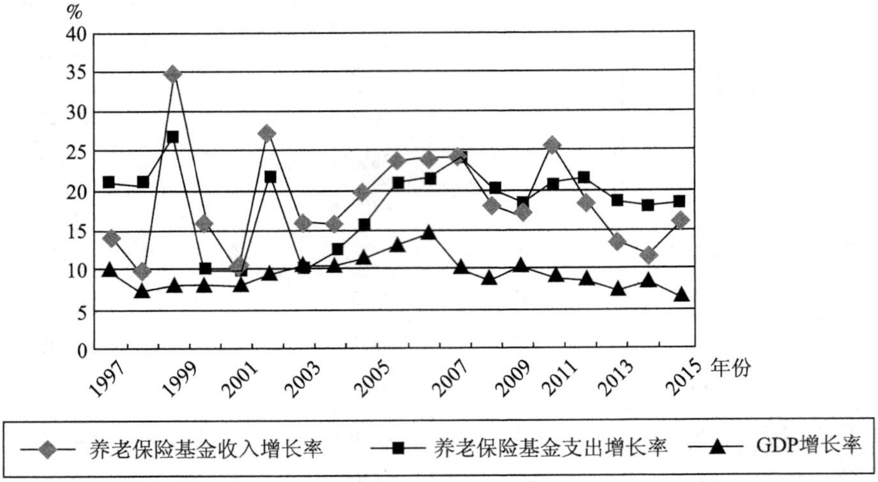

图 4.2 1997—2015 年我国 GDP 与养老保险基金收支增长率

数据来据：中国国家统计局网站。

4.2.2 人口老龄化导致财政对养老保险基金补贴的增长

从近年来我国养老保障基金收入的构成来看，征缴收入增速减缓，利息收入和其他收入所占比重仍然很低，财政补贴力度加大。2014 年，城镇职工基本养老保险基金总收入达到了 25310 亿元，比 2013 年增加了 2629 亿元，增长率为 11.59%，增速下降了 1.80 个百分点。其中，企业部门城镇职工基本养老保险收入为 23305 亿元，比 2013 年增加了 2457 亿元，增长率为 11.78%，增速下降了 1.75 个百分点。机关事业单位城镇职工基本养老保险基金收入为 2004 亿元，比 2013 年增加了 173 亿元，增长率为 9.42%，增速下降了 2.41 个百分点。

从保险基金的收入结构来看，在 2014 年城镇职工基本养老保险基金总收入中，征缴收入为 20434 亿元，占 80.73%，比 2013 年增加了 1800 亿元，增长率为 9.66%，增速下降了 3.50 个百分点。政财补贴 3548 亿元，占 14.02%，比 2013 年增加了 529 亿元，增长率为 17.52%，增速上升了 3.51 个百分点。利息收入为 877 亿元，占 3.47%，比 2013 年增加了235 亿元，增长率为 36. 60%，增速提高了 24. 56 个百分点。其他收入为 451 亿元，占 1. 78%，比 2013 年增加了 66 亿元，增长率为 17. 14%，增速下降了 5. 86 个百分点。2014 年企业部门城镇职工基本养老保险基金收入中，征缴收入为 18720 亿元，占 80. 33%，比 2013 年增加了 1670 亿元，增长率为 9. 79%，增速下降了 3. 22 个百分点。财政补贴为 3309 亿元，占 14. 20%，比 2013 年增加了 235 亿元，增长率为 38. 52%，增速上涨了 26. 80 个百分点。其他收入为 431 亿元，占 1. 85%，比 2013 年增加了 59 亿元，增长率为 15. 86%，增速下降了 7. 73 个百分点。

4. 2. 3 人口老龄化的加速将使我国未来的宏观税负水平进一步提高

养老保险制度改革与发展研究课题组（2014）以 2010 年为预测初始年，在综合考虑人口、经济、城乡养老保障政策及养老保险基金构成的基础上，对 2011—2050 年我国养老保险基金的需求进行了预测。

（1）低方案。该方案严格控制养老金的增长水平，即将 2050 年城镇退休职工人均养老金占参保缴费人员平均工资的 40%，结合机关事业单位 2015 年全面改革退休养老制度作为主要参考的假设前提。

低方案的主要预测结果显示：①养老金需求。城乡养老保险保障覆盖率逐年增加，总覆盖人数由 2015 年的 9. 25 亿人增加到 2050 年的 11. 08 亿人，其中待遇享受人数由 2. 49 亿人增加到 4. 83 亿人。参缴费人数先增后降，2015 年为 6. 76 亿人，2037 年达到峰值 7. 03 亿人，之后逐渐降至 2050 年的 6. 25 亿人；养老金水平逐年提高。到 2050 年，城镇离退休人员待遇水平最高（为 42. 69 万元），城镇居民养老金水平次之（为 10. 16 万元），新型农村养老保险待遇水平最低（为 5. 31 万元）；社会养老金支出逐年增长，由 2015 年的 3. 4 万亿元增至 2050 年的 135. 68 万亿元，增加了 39 倍。②养老金需求占 GDP 的比例。2011—2050 年，养老保险资金将以年均 12%的速度增长，高于同期 GDP 年均 9. 35%的增速。养老金占 GDP 的比例不断增加，2012 年为不到 4%，2050 年超过 9%。③养老金需求占财政收入的比重。养老保障对财政资金需求由城镇职工养老保险统筹基金缺口(机关事业单位未改革时，还包括机关事业单位退休金)，机关、参公与公益事业单位作为雇员承担基本养老保险，职业年金的单位缴费和城乡居民养老保险投入构成。随着覆盖面的扩大和老龄化的加速，养老财政资金需求额逐年增长，由 2011 年的 4526 亿元增加到 2050 年的 231175 亿元，年均增速为 10.6%，高于同期财政收入增速 0.8 个百分点。2011 年养老财政资金需求占财政收入的比例为 4.55%，2033 年达到峰值 8.89%，2050 年降至 6.14%。城镇职工养老保险个人账户支付作用增强和严格控制老年人养老金增长水平是养老财政资金需求占财政收入的比例“先增后降”的主要原因。养老财政资金需求中，机关事业单位基本养老和职业年金缴费所占的比例最大，接近养老财政资金总额的 40%～50%。城镇职工养老保险统筹基金 2011—2047 年收不抵支，但自 2037 年开始，缺口逐年缩小。

（2）基准方案。该方案假设，从 2015 年开始，城镇职工退休金年增长率较低方案高 0.7 个百分点，城镇居民基础性养老金年增长率较低方案高 1 个百分点，新型农村社会养老保险基础性养老金年增长率较低方案高 1 个百分点。

基准方案的主要预测结果显示：①2050 年城镇职工退休金占职工平均工资的比例由低方案下的 35.67%提高到 45.2%，城镇居民养老金占城镇居民家庭人均可支配收入的比例由低方案下的 20%提高到 34%，农民养老金占农民家庭人均纯收入的比例由低方案下的 34%提高到 42%。②养老保险资金需求占 GDP 的比例较低方案高，且随着时间的推移，两者差额扩大。2050 年，养老保险资金需求占 GDP 的比例达到 11.61%，较低方案高出 2.6 个百分点。③养老财政资金需求占财政收入的比例较低方案高，且随着时间的推移，两者差额扩大。2050 年，养老财政资金需求占财政收入的比例达到 14.02%，较低方案高出近 8 个百分点，养老财政资金需求扩大近 1.3 倍。

可见，无论从我国养老保险收入目前的增速还是未来的增速来看，人口老龄化下养老保险收入的刚性需求都是推动我国宏观税负水平上升的主要影响因素之一。

4.3 人口老龄化对我国税基的影响

4.3.1 人口老龄化对我国劳动税基的影响

如上文所述，人口老龄化对劳动课税的影响，主要从劳动总量的供给和平均工资两个方面来影响税基。由图 4.3 可见，随着我国人口老龄化进程的加快，老年抚养比呈逐年上升趋势，而与此相对应，经济活动人口的增速则呈缓慢下降趋势。从城镇单位就业人员工资总额的增速与我国 GDP 的增速来看，我国城镇单位就业人员工资总额的增速常年快于我国 GDP 的增速，且 2000—2013 年，两者的增速差距总体呈扩大趋势，从 2014 年开始，两者的差距开始大幅缩小，但城镇单位就业人员工资总额的增速仍快于我国 GDP 的增速。

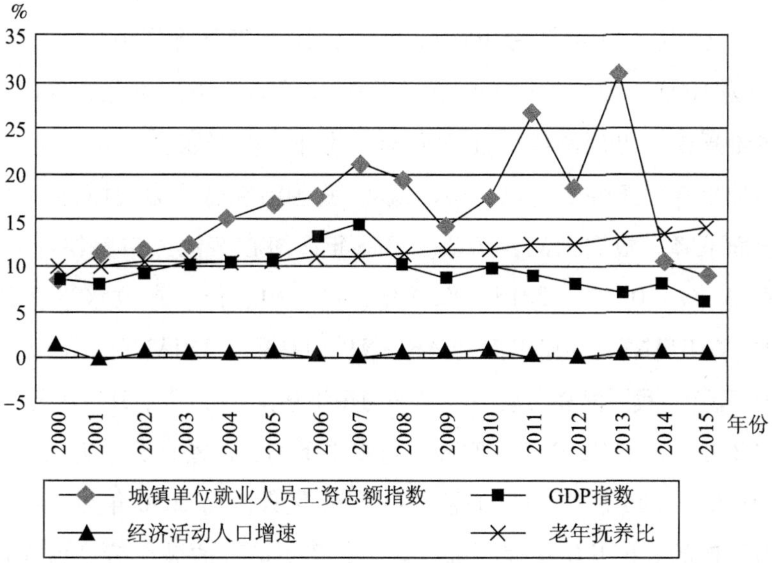

图 4.3 我国经济活动人口增速、工资总额、老年抚养比和 GDP 变动

数据来源：中国国家统计局。

（1）我国的劳动力供给量。劳动力的供给由潜在劳动力供给和有效劳动力供给共同决定。潜在劳动力供给是指我国法律规定的劳动年龄内（我国劳动法规定年满 16 周岁至退休）的具有劳动能力的人口数量；而有效劳动力供给是指一定劳动参与率下的劳动力供给数量。在统计口径上，联合国将 15~64 岁的人口作为劳动年龄人口，而国际劳动组织的统计口径为 16 岁及以上年龄的人口。根据我国《中华人民共和国劳动法》《中华人民共和国劳动合同法》和《中华人民共和国就业促进法》的规定，我国的统计口径为：16~60 岁（男），16~55 岁（女）。但我国国家统计局的人口统计，除普查数据有较详细的分年组数据外，一般年份的数据将人口按年龄结构划分为：0~14 岁，1~64 岁，65 岁及以上三个组别。鉴于数据的可得性和国际比较的方便，本书采用联合国人口基金的标准，将 15~64 岁年龄人口作为劳动力人口。

根据国家统计局的数据，我国 14~64 岁人口数，2012 年为 100403 万人，比上年增长了 0.12 个百分点，2013 年为 100582 万人，比上年增长了 0.18 个百分点，2014 年为 100469 万人，比上年下降了 0.11 个百分点，2015 年为 100361 万人，比上年下降了 0.11 个百分点。可见，我国潜在劳动力供给规模已出现两年的连续下降。此外，根据联合的人口展望数据，无论何种生育率条件下（高、中、低），我国潜在劳动力规模将从 2015 年开始全面下降。根据预测，2015—2030 年，潜在劳动人口整体降幅不大，降幅在 0.1%~0.2%。2015—2030 年，高、中、低、常数水平变量法下（HIGH VARIANT，MEDIUM VARIANT，LOW VARIANT，CONSTANT-FERTILITY），我国潜在劳动力人口平均每年减少 89 万人、180 万人、270 万人和 192 万人。到 2030 年，四种变量水平下的我国潜在劳动力人口分别为 10.01 亿人、9.88 亿人、9.74 亿人和 9.86 亿人。而 2030 年后，我国潜在劳动力人口的规模开始快速下降，4 个水平变量下的潜在劳动力人口平均每年减少 286 万人、690 万人、1107 万人和 813 万人。相较于上个时期，下降速度明显加快。到 2050 年，4 个水平下的潜在劳动人口规模分别为 9.48 亿人、8.49 亿人、7.53 亿人和 8.23 亿人，不到 2010 年的 93%、

84%、73%和81%。

(2) 从劳动力结构来看，中青年劳动力人口率先大幅下降。随着我国人口老龄化进程的加快和生育率的下降，劳动力的年龄结构也发生了变化，如表4.2所示，相较于第五次人口普查，2010年，我国15~34岁劳动力规模整体呈下降趋势，而35~64岁劳动力人口规模整体上升。比较两次普查数据，45~49岁劳动力人口占比上升了1.04个百分点，50~54岁劳动力人口占比上升了0.82个百分点，55~59岁劳动力人口占比上升了2.37个百分点，60~64岁劳动力人口占比上升了1.04个百分点。

表4.2　全国第五、第六次人口普查分年龄人口构成　单位：人

年龄	人口总数		占总人口数的百分比	
	2000	2010	2000	2010
0~4岁	68978374	75532610	5.55%	5.67%
5~9岁	90152587	70881549	7.26%	5.32%
10~14岁	125396633	74908462	10.09%	5.62%
15~19岁	103031165	99889114	8.29%	7.49%
20~24岁	94573174	127412518	7.61%	9.56%
25~29岁	117602265	101013852	9.46%	7.58%
30~34岁	127314298	97138203	10.25%	7.29%
35~39岁	109147295	118025959	8.78%	8.86%
40~44岁	81242945	124753964	6.54%	9.36%
45~49岁	85521045	105594553	6.88%	7.92%
50~54岁	63304200	78753171	5.09%	5.91%
55~59岁	46370375	81312474	3.73%	6.10%
60~64岁	41703848	58667282	3.36%	4.40%
65~69岁	34780460	41113282	2.80%	3.08%
70~74岁	25574149	32972397	2.06%	2.47%
75~79岁	15928330	23852133	1.28%	1.79%
80~84岁	7989158	13373198	0.64%	1.00%
85~89岁	3030698	5631928	0.24%	0.42%

续表

年龄	人口总数		占总人口数的百分比	
	2000	2010	2000	2010
90~94 岁	783594	1578307	0.06%	0.12%
95~99 岁	169756	369979	0.01%	0.03%
100 岁及以上	17877	35934		

数据来源：中国国家统计局。

此外，根据联合国数据，我国未来劳动力人口中 15~24 岁和 25~44 岁年龄组人口规模和比重，在 2035 年之前呈快速下降趋势，而其中的 15~24 岁劳动力人口在下降中表现出持续时间长、幅度大的特点。年轻劳力是劳动力市场中最为活跃和最为重要的人群，其规模上的相对数量和绝对数量的下降，将给我国未来的劳动力供给带来不利影响。

（3）我国劳动参与率将会进一步下降。潜在劳动力数量乘以劳动参与率才是实际的劳动力供给数量。劳动参与率是用来反映一国或一个地区的劳动力参与经济社会发展程度的重要指标。劳动参与率可以有多种定义方式与衡量标准，国际劳动组织（ILO）定义其为经济活动人口（包括正在从业人口和正在找工作的人口）与 15 岁以上人口总数之比①。我国的劳动参与率一直高于世界其他国家，20 世纪 80 年代，我国劳动参与率高达 86.95%②。随着经济转型和企业改制所造成的大量职工下岗现象，以及受教育年限的普遍提升所带来的劳动力进入劳动力市场时间的推迟，我国劳动参与率开始下降。

如表 4.3 所示，相较于其他国家，我国劳动参与率的一个显著特征是女性劳动参与率高，我国女性劳动参与率明显高于美国、德国等较发达国家。虽然韩国与我国有相近的地缘和文化背景，但我国女性的劳动参与率也明显高于韩国。与同样是人口大国的印度相比，我国女性的劳动参与率

① 陈彦斌．人口老龄化对中国宏观经济的影响［M］．北京：科学出版社，2014：12.

② 童玉花．人口老龄化过程中我国劳动力供给变化特点及面临的挑战［J］.人口研究，2014（3）：56.

是印度的 2 倍。

表 4.3　1990 年与 2000 年劳动参与率的国际对比

国家	1990		2000	
	女性	男性	女性	男性
德国	46%	73%	53%	66%
美国	57%	76%	58%	72%
日本	50%	77%	47%	70%
韩国	47%	83%	49%	72%
印度	35%	85%	34%	81%
中国	73%	85%	70%	79%

数据来据：联合国统计司（UNSD）统计数据库 2013 年数据。

根据国家统计局数据，1996—2015 年，我国劳动参与率总体呈下降趋势，这一方面主要与我国人口老龄化进程加快有关，根据最近两次人口普查数据，我国 60~65 岁人口占总人口比重由 3.36%上升到 4.40%，65~69 岁的占比由 2.80%上升到 3.08%。一般而言，老年人口中除高知识、高技能人才外，其退休后参加工作的可能性一般较小，因而人口老龄化是我国劳动参与率下降的一个重要成因。另一方面，我国人口整体受教育年限的增加也是导致我国劳动参与率下降的一个重要原因。相较最近两次人口普查数据，我国各类在校学生总人数由 2000 年的 14285754 人上升到 2010 年的 21150210 人，其占总劳动力人口的比重由 2000 年的 1.49%上升到 2010 年的 2.01%。

表 4.4　我国劳动参与率（经济活动人口/15 岁及以上人口数）

单位：万人

时间	经济活动人口	15 岁及以上人口	劳动参与率
1996	69765	90078	77.45%
1997	70800	91533	77.35%
1998	72087	92697	77.77%

续表

时间	经济活动人口	15 岁及以上人口	劳动参与率
1999	72791	93836	77.57%
2000	73992	97731	75.71%
2001	73884	98911	74.70%
2002	74492	99679	74.73%
2003	74911	100668	74.41%
2004	75290	102041	73.78%
2005	76120	104252	73.02%
2006	76315	105487	72.35%
2007	76531	106469	71.88%
2008	77046	107636	71.58%
2009	77510	108791	71.25%
2010	78388	111832	70.09%
2011	78579	112571	69.80%
2012	78894	113117	69.75%
2013 年	79300	113743	69.72%
2014	79690	114224	69.77%
2015	80091	114747	69.80%

数据来源：根据国家统计局数据计算得出。

（4）平均工资水平。如表 4.5 所示，2006—2015 年，我国城镇单位就业人员平均工资从 2006 年的 20856 元上涨到 2015 年的 62029 元，上涨了 2.97 倍，平均增速达 13.21%。相较于我国国民收入指数和我国城镇单位就业人员平均工资指数，我国城镇单位就业人员平均工资指数常年高于我国国民收入指数。按照新古典经济学理论，稳态经济下，经济增长率应该等于劳动工资的平均增长率。而一直以来，我国平均工资的增速都快于我国国民收入的增速，形成这一状况的原因，一方面与我国科技进步和劳动力受教育程度提高带来的劳动生产率的快速提高有关，另一方面与我国劳动力供给规模的增速低于经济规模的扩张速度有关。2015 年，我国 15~64

岁人口为 100361 万人，比 2006 年增长了 5293 万人，增长率为 5. 56%，而同期我国的国民生产总值则增长了 3. 13 倍。

表 4. 5　我国城镇单位就业人员平均工资变动（上年 = 100）

时间	城镇单位就业人员平均工资/元	城镇单位在岗职工平均货币工资指数	国民总收入指数	城镇单位就业人员指数
2006	20856	114. 4	113. 3	102. 7
2007	24721	118. 7	114. 7	102. 7
2008	28898	117. 2	110. 1	101. 4
2009	32244	112	108. 5	103. 1
2010	36539	113. 5	110. 3	103. 8
2011	41799	114. 3	109	110. 4
2012	46769	112. 1	108. 6	105. 7
2013	51483	110. 1	107. 1	118. 8
2014	56360	109. 5	108. 3	100. 9
2015	62029	110. 3	106. 3	98. 8

数据来源：中国国家统计局网站。

（5）劳动力转移量减少。我国“二元经济”结构的长期存在，促使农村剩余劳动力加速向城市、发达工业区流动。1982—2005 年，在 20 多年的时间里，我国流动人口从 657 万人增长到了 1. 47 亿人，年均增长 14. 5%，且这一进程不断加速。2005—2010 年的 5 年间，我国流动人口增长了 49. 99%，年均增长速度达 8. 4%。人口流动在一定程度上加速了人口的城镇化率。2011 年我国城镇人口达到 69079 万人，超过了农村人口，即城镇化率首次超过 50%，实现了历史性的转变。伴随这一进程的深入，农村大量适龄劳动人口向城镇流动，而农村老年人口由于年龄大、受教育程度相对较低、劳动技能相对较差等原因滞留在农村。从我国城乡人口老龄化的进程来看，农村人口老龄化的程度已经超过城市。从农村中适龄劳动力人口的流动增长来看，近年来我国人口流动增长趋于下降，且部分地区出现了人口的回流现象。总体上看，由于农村人口老龄化进程明显快于城市，农村向城市继续输出剩余劳动力的可能性越来越小。

4.3.2 人口老龄化对我国资本税基的影响

资本税基的大小取决于资本收益率的大小和资本存量的大小。目前，学者们对我国资本的收益率的确切水平还有很大的争议，从相关研究来看，多数研究者采用的是Bai等（2007）的研究结果。白重恩等根据Hall-Jorgenson的资本租金公式来测算我国的资本收益率，其结果显示，“1979—1992年约为25%，在1993—1998年降到了20%，并自1998年之后保持在20%左右，扣除产出税和所得税的资本回报率比税前低10个百分点，最终结果明显高于其他发达经济体和处于不同发展阶段的经济体的资本回报率①”。贾润崧和张四灿在比较白重恩、方文全等的研究结果后，进一步考虑了资本收入中的生产税后，认为1993—2012年我国税后资本收益率在5.99%~12.55%。这远高于世界发达国家的水平，同时这也表明我国资本收益率还未进入边际生产力快速递减的时期。

资本存量的大小与投资相关。根据宏观经济学国民收入核算理论，投资等于储蓄。如表4.6所示，按照支出法国内生产总值计算的我国储蓄率近10年来平均为49.84%，这远高于世界平均水平和OECD国家的平均水平②。高储蓄率是推动我国经济高速发展的主要因素之一。改革开放以来，高储蓄率带动的高投资、积极的外资吸引政策、低廉的劳动力价格为我国经济的快速增长注入了强大动力。同时，“过去30年，利率管制使中国实际贷款利率长期保持在低水平，1980—2010年中国平均实际贷款利率低于世界主要发达国家1~6个百分点③”。高储蓄、低利率大大降低了企业和政府的投资成本，推动了我国资本存量的快速增长。“我国资本存量在1979—2010年的平均增长率高达11.68%，超过了GDP增速（9.95%），也远远高于同期世界主要发达国家资本存量的增速（2%~5%）。”

① 贾润崧，张四灿．中国省际资本存量与资本回报率［J］．统计研究，2014（11）：41.
② 陈彦斌．人口老龄化对中国宏观经济的影响［M］．北京：科学出版社，2014：32.
③ 陈彦斌．人口老龄化对中国宏观经济的影响［M］．北京：科学出版社，2014：32.

从人口结构来看，整体抚养比的下降是我国储蓄率持续上升的重要原因。第一，少儿抚养比大幅下降。1974 年，我国少儿抚养比高达 69.74%，之后开始进入持续下降阶段，2015 年为 22.6%，年均下降 1.44 个百分点。少儿抚养比的下降推动了国民储蓄率的上升。根据生命周期理论，少儿是经济体中的纯消费者，抚养比的下降实质上等同于增加了经济体中的高储蓄人群的数量。此外，计划生育政策的推进打破了我国传统的“养儿防老”机制，人们通过提高储蓄比例来应对未来的“少子”风险。第二，老年抚养比上升速度明显慢于少儿抚养比的下降速度，使总抚养比整体呈下降态势。从近 20 年的统计数据来看，1996 年我国少儿抚养比为 48.8%，2015 年为 22.6%（较 2011 年的 22.1%有所提升），下降了 26.2%。同期，我国老年抚养比从 9.5%上升到 14.3%，上升了 4.8 个百分点。因此，同期我国的总抚养比从 1996 年的 48.8%下降到 2015 年的 37.0%，但值得注意的是，我国总抚养比从 1996 年持续下降至 2010 年的 34.2%后又开始上升。2015 年，我国的总抚养比比 2010 年上涨了 2.8 个百分点。从表 4.6 中可见，我国储蓄率从 2010 年开始下降，这一方面与经济整体下行有关；另一方面与我国总抚养比的上升有一定关系。随着我国经济进入“新常态”，经济增速趋于平稳，人口老龄化带来的老年抚养比加速上升，将在一定程度上导致我国储蓄率的下降，从而降低投资的增速和资本存量的增速。

表 4.6　支出法国内生产总值与储蓄率　　单位：亿元

时间	支出法生产总值	最终消费	资本形成总额	货物和服务净出口	储蓄率
2006	221206.50	114728.60	89823.30	16654.60	48.14%
2007	271699.30	136229.40	112046.80	23423.10	49.86%
2008	319935.80	157466.30	138242.80	24226.80	50.78%
2009	349883.30	172728.30	162117.90	15037.10	50.63%
2010	410708.30	198998.10	196653.10	15057.10	51.55%
2011	486037.80	241022.10	233327.20	11688.50	50.41%

续表

时间	支出法生产总值	最终消费	资本形成总额	货物和服务净出口	储蓄率
2012	540988.90	271112.80	255240.00	14636.00	49.89%
2013	596962.90	300337.80	282072.90	14552.10	49.69%
2014	647181.70	328312.60	302717.50	16151.60	49.27%
2015	699109.40	362266.50	312835.70	24007.20	48.18%

数据来源：国家统计局网站。

4.3.3 人口老龄化对我国消费税基的影响

从我国支出法国内生产总值的核算来看，我国最终消费增长率的变动在一定程度上符合生命周期理论的假设。1999—2012 年，我国最终消费总体呈上升趋势，而这一时期也正是我国总抚养比持续下降的阶段。从 2013 年开始，我国的总抚养比开始上升，而同期我国的最终消费增长率也开始下降。

表 4.7 1999—2015 年生产总值增长率、消费增长率与人口抚养比费

年份	国内生产总值增长率（%）	最终消费增长率（%）	居民消费增长率（%）	农村居民消费增长率（%）	城镇居民消费增长率（%）	政府消费增长率（%）	总抚养比增长率（%）	少儿抚养比增长率（%）	老年抚养比增长率（%）
1999	6.24	10.03	7.97	-0.43	13.18	16.36	47.70	37.50	10.20
2000	10.74	12.44	12.10	5.41	15.76	13.42	42.60	32.60	9.90
2001	10.61	7.66	7.92	4.39	9.67	6.94	42.00	32.00	10.10
2002	9.93	8.06	8.61	4.41	10.60	6.47	42.20	31.90	10.40
2003	13.10	7.35	7.75	4.46	9.22	6.20	42.00	31.40	10.70
2004	17.66	12.04	12.21	8.20	13.92	11.55	41.00	30.30	10.70
2005	16.25	13.88	12.98	8.73	14.71	16.52	38.80	28.10	10.70
2006	16.92	13.09	11.81	8.26	13.18	16.76	38.30	27.30	11.00

续表

年份	国内生产总值增长率（%）	最终消费增长率（%）	居民消费增长率（%）	农村居民消费增长率（%）	城镇居民消费增长率（%）	政府消费增长率（%）	总抚养比增长率（%）	少儿抚养比增长率（%）	老年抚养比增长率（%）
2007	22.83	18.74	18.63	13.03	20.70	19.04	37.90	26.80	11.10
2008	17.75	15.59	15.58	12.71	16.57	15.62	37.40	26.00	11.30
2009	9.36	9.69	9.82	6.33	10.98	9.35	36.90	25.30	11.60
2010	17.38	15.21	15.31	9.60	17.14	14.92	34.20	22.30	11.90
2011	18.34	21.12	20.86	22.21	20.46	21.82	34.40	22.10	12.30
2012	11.31	12.48	12.47	10.10	13.18	12.54	34.90	22.20	12.70
2013	10.35	10.78	10.69	9.31	11.10	11.02	35.30	22.20	13.10
2014	8.41	9.31	10.36	9.98	10.48	6.45	36.20	22.50	13.70
2015	8.02	10.34	9.66	8.79	9.92	12.26	37.00	22.60	14.30

数据来源：中国国家统计局。

从老年人口收入水平出发，消费水平取决于收入水平。姜向群、杜鹏（2013）的调查显示，总体上，城市老年人的收入水平较好，农村老年人的收入水平较差。“2006 年，我国老年人平均收入为 6470.5 元，其中城市老年人为 15380 元，比同年全国城镇居民可支配收入（11759 元）高 3621 元。农村老年人为 3139.6 元，比同年全国农村居民可支配收入（3587 元）低 447.4 元。”①

从收入来源看，老年人的主要收入来源于劳动收入、离退休养老金和家庭其他成员供养。2010 年，老年人的收入来源中，依靠家庭其他成员供养、劳动收入和离退休金的比例分别为 40.7%、29.1% 和 24.1%。分别从城市、镇、乡来看，城市老年人收入构成为：劳动收入占 6.6%，离退休金养老金占 66.3%，最低生活保障占 2.3%，家庭其他成员供养占 22.4%，其他占 1.7%。镇、乡老年人的收入构成分别为：劳动收入分别占 22.3%

① 姜向群，杜鹏. 中国人口老龄化和老龄事业发展报告［M］. 北京：中国人民大学出版社，2013：18.

和 41.2%，离退休金养老金分别占 26.3%和 4.6%，最低生活保障分别占 4.3%和 4.5%，家庭其他成员供养分别占 44.5%和 47.7%。

同时，根据姜向群、杜鹏（2013）的调查，老年人收入与性别、年龄、健康等因素相关。从性别来看，在低收入老年人群中，女性比例高于男性。2011 年，低收入老年群体中，男性老年人占 16.3%，仅是女性的 1/2。从年龄来看，随着年龄的增长，低收入老年人的比例越来越高，高收入老年人的比例越来越低。2011 年，80 岁以上老年人在低收入人群中的比重为 29.9%，分别比 70~79 岁和 60~69 岁老年人高 5.5 个和 10.6 个百分点。从健康状况来看，身体健康状况越差，低收入群体的比例越高。2011 年，低收入群体中的不健康老年人占 28.7%，分别比一般和健康老年人低 9.4 个和 12.6 个百分点。

由以上数据可得，从老年人口的收入角度来看，城镇老年人口收入水平相对较高，城市老年人的可支配收入水平还高于同期平均水平，而镇、乡老年人口由于养老社会保障的缺失，其收入水平主要依赖于家庭成员的供养，但随着近年来我国平均劳动工资水平的上升，供养能力也应随之提高。因此，从收入方面来看，目前我国人口老龄化对消费水平有一定的负面影响，但影响不大，主要体现在乡、镇老年人口收入水平不高上。

4.4 人口老龄化对我国税制演进趋向的影响

综上分析，人口老龄化通过对劳动供给、资本积累、消费水平的影响，进而作用于劳动、资本和消费三大税基。我国人口老龄化程度还相对较轻，且少儿抚养比的快速下降使总抚养比呈持续下降趋势。根据生命周期理论，总抚养比的持续下降在一定程度上解释了我国长期以来储蓄率的居高不下而最终消费率偏低的现状。而适龄劳动力人口增速的减缓和近年来的下降，导致了我国劳动力成本上升和平均工资增长率快速增长的现状。

劳动、资本和消费的平均有效税率变动反映了三大税基的负担能力。我国总抚养比的持续下降和人口结构中劳动力人口占比的持续上升，保证了我国较高的储蓄率，加之利率的管制，给资本积累创造了低成本的运行环境，因而极大地推动了资本积累的速度，扩大了资本税基，也提升了资本要素税负。如表 4.8 所示，我国资本平均有效税率相较于劳动和消费一直较高。人口总抚养比的上升、人口老龄化进程的加快，一方面使得储蓄率降低，减缓了资本积累速度；另一方面劳动力成本升高降低了资本收益率。因此，劳动、资本、消费平均有效税率的变动表现为：资本平均有效税率增长减缓而劳动和消费平均有效税率增长加快的现象，如相比于 2011 年和 1996 年，劳动、资本、消费的平均有效税率分别上涨了 2.14 倍、1.98 倍和 2.11 倍。

表 4.8　1996—2011 年我国劳动、资本、消费的平均有效税率

年份	劳动平均有效税率	资本平均有效税率	消费平均有效税率
1996	4.9%	19.1%	7.5%
1997	5.3%	19.0%	8.7%
1998	4.9%	19.3%	9.3%
1999	6.4%	18.6%	11.5%
2000	6.9%	24.8%	10.3%
2001	7.9%	23.7%	10.6%
2002	8.6%	25.2%	11.5%
2003	10.2%	24.3%	11.9%
2004	9.5%	23.3%	13.2%
2005	9.5%	28.1%	13.2%
2006	10.0%	28.8%	13.6%
2007	10.7%	28.8%	14.2%
2008	10.7%	33.5%	14.6%
2009	10.2%	35.4%	15.5%
2010	10.1%	34.7%	16.2%
2011	10.5%	37.9%	15.8%

数据来据：吕冰洋，陈志刚．中国省际资本、劳动和消费平均税率测算［J］．财贸经济，2015（7）．

5 人口老龄化与宏观税负——基于 Solow 模型的分析

本章在新古典经济 Solow 增长模型的框架内分析人口老龄化下养老保障与一般税收对经济增长的影响机理。同时，本书在分析中将我国的养老保险制度设定为现收现付制。在我国的养老保险收支中，社会统筹部分以现收现付制运行，而个人账户部分，由于之前制度软约束造成个人账户的空账运行，做实个人账户难度较大。且从目前个人账户积累资金的收益来看，一是基金投资收益占比小；二是基金收益率低，如果考虑通货膨胀因素，则部分年份基金收益为负。随着人口老龄化进程的加快和养老保障支出的刚性增长，人口老龄化引致养老保险筹资规模不断增加。因此，本章主要从以下两个方面来分析人口老龄化、养老保障与一般税收的关系：一是养老保障筹资规模不断扩大对宏观税负的影响；二是在养老保障支出刚性的条件下，宏观税负结构变动对经济增长的影响。

5.1 Solow 模型基本框架

Solow 模型是新古典经济增长理论的基础，它最先由索洛（Solow）和斯旺（Swan）在 1956 年分别提出。该模型最初没有考虑技术进步，之后罗默（Romer，2000）建立了一个具有技术进步、资本边际生产力递减的 Solow 模型。模型基本假设为：在一个封闭的经济体内具有大量同质消费者和生产厂商，没有政府购买和对外贸易。消费者拥有全部资本和劳动，他的收入通过向厂商提供劳动和资本取得。厂商按照利润最大原则来决定资本与劳动的雇佣水平。资本的价格（利率）与劳动的价格（工资水平）

由完全竞争的要素市场来决定。因此，利率和工资分别为其边际生产力。生产函数的规模报酬不变。消费者以不变比例将其收入用于消费和储蓄，因而他按照固定比例进行资本积累，进而社会也按这一比例进行资本积累。

假设生产函数为 $Y=F(K, AL)$，A 为技术水平，K 为总资本，L 表示总劳动量。根据规模报酬不变的假设，可得出生产函数的集约形式，$y = Y/AL = F[K/(AL), 1] \equiv f(k)$，假设劳动力的增长率等于人口增长率 n，则 $L(t) = L(0)e^{nt}$，假设技术进步率为 g，则 $A(t) = A(0)e^{gt}$。因为在利润最大化条件下，厂商都按照劳动和资产的边际产量等于要素价格来雇用劳动和劳动力，则要素市场的均衡条件为 $r = AF_K(K, L)$，$w = AF_L(K, L)$。对于一个两部门经济，当商品市场处于均衡时，投资等于储蓄，则净投资为 $\dot{K} = s(rk + wl) = sY - \delta K$，δ 为资本折旧率。由此可以推导出 Solow 经济增长模型的核心方程，即 $\dot{k} = sf(k) - (n + g + \delta)k$。可见，在 Solow 模型中，长期内经济将收敛于均衡点，此时人均有效资本存量保持不变，同技术一同增长，即 $\dot{k}/k = g$，同时，人均产出水平的增长率也等于 g，即 $\dot{y}/y = g$。那么总资本增长率和总产出水平的增长率分别为 $g+n$ 和 $g+n$。

可见，由于 Solow 增长模型关注的是人均有效资本的稳态路径，且假设人口供给无限，可以自动满足劳动力市场的需求（对于这个假设，索洛在后来也指出其不足，因为人口增长率不等于劳动力供给，而主要的是当前劳动力的供给本质上是由过去的生育水平决定的，而不是由当时的市场需求决定的），所以本质上经典的 Solow 增长模型不能反映人口结构变动对经济增长的影响。Luciano Fanti 和 Piero MANFREDI（2003）将 Solow 核心方程扩展为

$$\dot{k} = sk^{\alpha} - \left\{\int_{-\infty}^{t} n[k^{\alpha}(\tau)]G(t - \tau)d\tau\right\}k$$

其中，$n[k^{\alpha}(\tau)]$ 反映过去与收入相关的生育率，$G(t - \tau)$ 反映滞后项。他们通对比索洛增长路径上的两个根，得出引入滞后人口的 Solow 模型存在

围绕均衡路径波动的全局稳态，并得出相比于储蓄、投资，从长远来看劳动人口的增长更能促进经济增长的结论①。

李军（2006）从 Solow 模型的核心方程出发，指出老龄人口退出生产劳动将对人均有效资本产生双重效应。即一方面老龄人口从原生产领域的退出，在不考虑新增长劳动力的情况下，可以提高该生产领域的人均有效资本；另一方面老龄人口退出生产领域成为纯消费人口，则在假设现有劳动生产率不变的情况下，单位人均有效资本的产出中用于消费的比重会增长，随着越来越多的老龄人口退出，这一消费占比也在不断增加，单位人均有效资本产出中用于消费的部分也越来越大，进而使单位人均有效资本产出中用于资本积累的部分越来越小，这不利于经济的长远增长。人口老龄化对经济增长的总效应取决于以上两方面效应相抵后的净效应。李军从实物经济角度出发，将产出划分为两部分，分别用于老年人口的养老物资和劳动人口生产资料，即设经济总产出为 $Y(t)$，分配给老年人 L_R 用于养老的部分设为 $Y_R(t)$，劳动人口 L_L 可支配部分为 $Y_L(t)$，则 $Y(t) = Y_R(t) + Y_L(t)$。设总人口为 $N=L_R+L_L$，定义 θ 为老龄人口的平均收入水平与总人均收入水平的比率，$\theta=(Y_R/L_R)/(Y/N)$。设老龄人口占总人口的比重为 α，则 $\theta=Y_RN/Y L_R=(1/\alpha)(Y_R/Y)$。通过以上设定，Solow 核心方程为：

$$\dot{k} = sf(k) - s\alpha\theta f(k) - (\delta + g + n - \frac{b\alpha}{1-\alpha})$$

其中，$b = \dot{\alpha}/\alpha$。

在此基础上，推出 θ 的均衡点。根据卡尔多的研究，一个国家的资本水平和产出水平的比率基本不变，即 K/L 大体上为常数，李军估计出当储蓄率 $s=0.2$ 时 θ 值约为 0.49。由上可知，θ 表示老龄人的平均收入水平与总人均收入水平的比率，而实际中老龄人口中的人均收入低于国民人均收入 50%的情况一般较少，进而他得出人口老龄化对经济增长主要起负向作

① Luciano Fanti, Piero Manfredi. The Solow's Model with Endogenous Population: A Neoclassical Growth Cycle Model [J]. *Journal of Economic Development*, 2003 (2).

用的结论[①]。徐达（2012）在李军将人口结构变量引入 Solow 模型的基础上，采取曼昆、罗默和威尔的总量生产函数模型，即在生产函数中加入人力资本变量，推导出含人力资本变量和人口结构变量的 Solow 模型。在模型的基础上，他以 1978—2010 年的资本存量、人力资本存量、就业人口为因变量，对国民生产总值进行回归分析得出人力资本与物质资本的产出弹性，并在此基础上对我国 2010—2050 年人口结构变动对经济增长的影响进行预测。结果显示，2011—2014 年我国人口结构对经济增长有正向作用，2015—2028 年人口结构变动对单位劳动力平均产出开始显现负向作用，并在这一期间表现为平稳震荡效果，2043 年后人口结构变动对经济增长开始出现正向作用[②]。

5.2 引入税收和人口结构的 Solow 经济增长模型

（1）生产函数的假设。设一个封闭的经济体，没有对外贸易，且生产函数为哈罗德中性技术进步，即 $Y(t)=F[K(t),AL(t)]$。其中 $Y(t)$ 表示总产出，$K(t)$ 表示总资本，$L(t)$ 表示总劳动量（以下为简略省去时间 t）。假设生产函数是规模报酬不变、边际生产力递减，每种生产要素都是必不可少的，二阶连续可导、满足稻田条件的新古典生产函数，即它满足：

$$F(\lambda K,\lambda L)=\lambda F(K,L),\ \lambda>0 \tag{5.1}$$

$$F_1>0,\ F_{11}<0,\ F_2>0,\ F_{22}<0 \tag{5.2}$$

$$F(0,L)=F(K,0)=0,\ \lim_{L\to 0}F_L(K,AL)=+\infty,\ \lim_{K\to 0}F_K(K,AL)=+\infty \tag{5.3}$$

根据规模报酬不变生产函数的假设，可以把生产函数改写成集约形式

① 李军．人口老龄化条件下的经济平衡增长路径［J］．数量技术经济研究，2006（8）：11-21.

② 徐达．人口老龄化对经济影响的模型与实证［J］．财经科学，2012（4）：100-107.

的生产函数

$$y=Y/AL=F\left[(K/AL),\ 1\right]=f(k) \tag{5.4}$$

其中，$k=K/AL$，表示每单位有效劳动的资本存量，$y=Y/AL$，表示每单位有效劳动的产出水平。方程(5.3) 表示人均有效劳动的资本存量与人均有效劳动的产出之间的函数关系。根据生产函数的性质可以证明，集约形式的生产函数满足以下性质

$$f(0)=0,\ f'(k)>0,\ f''(k)<0,\ \lim_{x\to 0}f'(0)=\infty,\ \lim_{x\to\infty}f'(0)=0 \tag{5.5}$$

假设劳动力的增长率为 $n=L(0)e^{nt}$，技术的进步率为 $g=A(0)e^{gt}$。

（2）厂商假设。假设经济中有无数个厂商，每个厂商都以利润最大化原则来指导生产。每个厂商面对完全竞争的产品需求市场与要素供给市场，设资本折旧率为 δ。因此，在利润最大条件下，每个厂商以劳动和资本的边际产量等于要素供给价格为条件来确定要素的雇佣量。当劳动力市场与资本市场都达到均衡状态时，有：

$$r+\delta=F_K(K,\ AL),\ w=AF_L(K,\ AL),\ F(K,\ AL)=wAL+rK+\delta K \tag{5.6}$$

（3）家户假定。假设家户收入来源于两部分：其一为家户向要素市场供给资本 D 而取得的投资收入；其二为家户的劳动收入。由于 Solow 模型中储蓄率为外生给定，在假定储蓄率为 s 时，家户的消费率也为外生变量且固定，即 $c=1-s$。由上可确定家庭的预算方程为：

$$rD+wL=\dot{D} \tag{5.7}$$

其中，C 为经济体中的总消费，D 上面的点号表示其对时间的导数，则 $\dot{D}$ 表示家户资产的动态积累过程。

（4）宏观市场一般均衡。由于 Solow 模型假定劳动力供给无限，劳动力市场中厂商可以按照劳动的边际产出等于劳动力价格来决定其劳动力的雇佣数量。资本市场均衡条件为给定利率水平 r 下，$D=K$，则家户预算方程可写为 $rD+wL=C+\dot{D}$。综上所述，经济体的总量资本积累为：

$$\dot{K}=F(K,\ L)-\delta K-C \tag{5.8}$$

由于生产函数为规模报酬不变型，则人均有效资本与人均消费为 $k=$

K/AL 和 $c=C/AL$。人均有效资本积累方程为：

$$(\dot{ALk}) = \dot{A}Lk + A\dot{L}k + AL\dot{k} = F(K, AL) - \delta K - C$$

两边同除以 AL，并移项后得

$$\dot{k} = f(k) - c - gk - nk - \delta k \quad (5.9)$$

虽然 *Solow* 模型没有对家户消费优化问题进行阐述，但隐含 $c=(1-s)f(k)$，所以人均资本积累的路径为 $\dot{k} = sf(k) - gk - nk - \delta k$ 。

（5）反映老龄化指标的人口结构变化设定。为集中反映人口老龄化对经济增长的影响，本书对人口结构的设定不考虑未成年人口。设 t 时期劳动力人口数量为 $L_L(t)$，老龄人口为数量为 $L_R(t)$，则经济体中的总人口为 $N(t) = L_L(t) + L_R(t)$。定义变量 $\varepsilon = L_R(t) / N(t)$，该变量反映经济体中老龄人口所占的比重，则劳动力人口数量为 $L_L(t) = (1-\varepsilon) N(t)$。

（6）养老水平系数

从一个经济体看，该经济体中老年人口的平均生活水平取决于该经济体的产出中用于赡养老年人比例的大小及老年人口的数量。设经济体 t 时期的产出总量为 $Y(t)$，其用于赡养老年人口的部分为 $Y_R(t)$，用于劳动力人口支配的产出为 $Y_L(t) = Y(t) - Y_R(t)$。由上可以定义老龄人口的人均收入水平为 $Y_R(t) / L_R(t)$，总体人均收入水平为 $Y(t) / N(t)$。设老龄保障系数 $\theta = [Y_R(t) / L_R(t)] / [Y(t) / N(t)] = 1/\varepsilon \cdot Y_R(t) / Y(t)$，反映老年人口人均收入水平与总人口人平均收入水平比例。θ 取值大于 1、等于 1、小于 1 时，其反映老年人口人均收入水平高于、等于、低于总人口平均收入水平。根据 $\theta = 1/\varepsilon \cdot Y_R(t) / Y(t)$ 可进一步得到：

$$Y_R(t) = \theta\varepsilon Y(t) \quad (5.10)$$

$$Y_L(t) = Y(t) - \theta\varepsilon Y(t) \quad (5.11)$$

$$Y(t) = sY_L(t) - \delta K \quad (5.12)$$

由式（5.12）可见，θ 表示经济体产出中用于赡养老年人口部分的比例，即产出中用于赡养老年人口的部分为 $\theta\varepsilon Y$ 。假定老年人口收入全部用于消费，且不进行储蓄。因而经济体中用于投资的部分仅为 Y_L 。可见，进入人口老龄化因素后，可用于劳动力投资的产出部分为 Y_L ，而不是经济体的全部产出。设劳动力的储蓄率为 s，则经济体的资本积累方程为：

$$\dot{K} = sY_L - \delta K \tag{5.13}$$

将式（5. 11）代入式（5. 13）得：

$$\dot{K} = s(Y - \theta\varepsilon Y) - \delta K \tag{5.14}$$

（7）引入税收与人口结构。假设对资本征税的税率为 τ_R，对劳动所得征税的税率为 τ_W，对消费征税的税率为 τ_C，并假设不存在税负转嫁，且政府税收用于纯消费不用于生产则征税后家户的预算方程为：

$$\dot{D}_L + (1 + \tau_C)C = (1 - \tau_R)rD_L + (1 - \tau_W)AwL_L \tag{5.15}$$

式（5. 15）中的下标 L 表示劳动力人口。由于 Solow 模型中的储蓄率 s 为外生给定，即经济体中用于资本积累的比例为固定值，则消费等式为 $C=(1-s)$ $(Y_L- \tau_W rK-\tau_W wAL_L)$，$\tau_W rK$ 表示对投资收入的征税额，$\tau_W wAL_L$ 表示对劳动收入的征税额，则 $F(K, AL) - \tau_W rK-\tau_W wAL-\delta K$ 表示可支配收入总额。假设对消费征税不影响家户消费，即征收消费税后，家户仍然消费与征税前同等数量的物质，例如，一个家户在征税前后每天都需消费既定数量的面包。那么，上述消费等式变为，$(1+\tau_C)$ $C=(1-s)$ $[F(K, AL) - \tau_W rK-\tau_W wAL]$。可见，征收消费税后社会储蓄率会下降为$(s-\tau_C)$。则家户预算方程(5. 15) 可写为：

$$\dot{D}_L = (s - \tau_C)[(1 - \tau_R)rD + (1 - \tau_W)wAL_L] \tag{5.16}$$

宏观均衡条件为 $D=K$，则引入税收后资本积累方程为

$$\dot{K} = (s - \tau_C)[rK + wAL_L - \tau_R rK - \tau_W wAL_L] - \delta K \tag{5.17}$$

由于假设规模报酬不变，经济体中的总产出等于劳动与资本的边际产量之和。假定 $\dot{\varepsilon} \neq 0$ 且一阶导数为正，二阶连续可导并为负，即符合稻田条件（这一假设说明，随着经济增长，人口结构中老龄人口占比会不断加大，但这一占比的增长速度会逐渐放慢）。结合等式(5. 14)，得出等式(5. 17) 为：

$$\dot{K} = (s - \tau_C)[Y - \varepsilon\theta Y - \tau_R rK - \tau_W wA(1 - \varepsilon)L] - \delta K \qquad (5.18)$$

由 $L_L = (1 - \varepsilon)N$，$kA(1 - \varepsilon)N = K$，对等式 $kA(1 - \varepsilon)N = K$ 两边求时间 t 的导数得：

$$\dot{k}A(1 - \varepsilon)N + k\dot{A}(1 - \varepsilon)N - kA\dot{\varepsilon}N + kA(1 - \varepsilon)\dot{N} = \dot{K} \qquad (5.19)$$

将等式（5.19）左边代入等式（5.18），并设 $\tau_W = \tau_K = \tau_{KW}$，两边同除以 $A(1 - \varepsilon)N$，可得

$$\dot{k} = (s - \tau_C)[(1 - \varepsilon\theta)(1 - \tau_{KW})y] - (g + n + \delta - \dot{\varepsilon}/(1 - \varepsilon))k \qquad (5.20)$$

式（5.20）为引入人口结构与税收的 Solow 核心方程。从核心方程看，对消费征税提高了应税消费品的价格，在如上假设家户实物消费量不变的情况下，使家户的消费支出增加，进而降低了储蓄率。而对资本收益和劳动收入征税以及对老龄人口的赡养支出直接减少了经济体产出中的可支配收入，使经济体产出中用于积累的部分减少，加快均衡上的收敛速度。而持平项中的 $\dot{\varepsilon}/(1 - \varepsilon)$ 项大于零，且为关于时间 t 一阶导数为正的增函数，即从一个经济体看，如果退出生产的老年人口所让渡出的资产能被经济体充分利用，则对单位人均有效资本积累起到正向作用，而人口老龄化对整个经济体的总体影响取决于两者的综合影响。

如果进一步假设政府按一个统一税率向社会征 τ 税，则式（5.20）可写为：

$$\dot{k} = s(1 - \varepsilon\theta)(1 - \tau)y - (g + n + \delta - \dot{\varepsilon}/(1 - \varepsilon))k \qquad (5.21)$$

当经济达到稳态时有：$s(1 - \varepsilon\theta)(1 - \tau)y^* = [g + n + \delta - \dot{\varepsilon}/(1 - \varepsilon)]k^*$，则

$$\tau = 1 - \frac{(g + n + \delta - \dot{\varepsilon}/(1 - \varepsilon))k^*}{s(1 - \theta\varepsilon)y^*} \qquad (5.22)$$

可见，代表宏观税负水平的 τ 与赡养水平 θ 负相关，与人口老龄化程

度正相关。

5.3 人口老龄化与宏观税负的经验分析

（1）人口老龄化将使宏观税负进一步加重，减缓经济增长速度。从人口老龄化程度相对较重、经济较为发达的 OECD 国家来看，OECD 国家 65 岁及以上人口抚养比（65 岁及以上人口/20～64 岁人口）与税收收入占 GDP 的比重的相关性很高，即老年人口的抚养比越高，税收收入占该国 GDP 的比重越高（见图 5.1）。通过计算，OECD 国家 2011 年老年人口的抚养比（因以后年份多数国家的统计缺失，且考虑到人口结构变动对经济影响的滞后期较长，故选择 2011 年的数据）与 2014 年税收收入占 GDP 比重的相关系数为 0.61，两者强相关。这说明人口老龄化是推动宏观税负升高的一个重要影响因素。

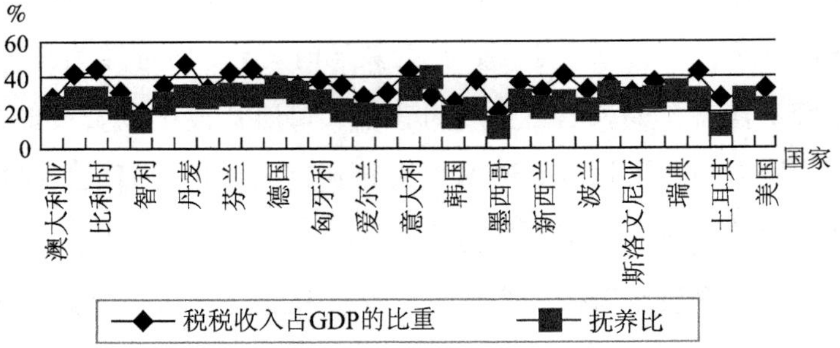

图 5.1 OECD 国家宏观税负与老年抚养比

注：税收收入占 GDP 比重为 2014 年，老年抚养比［65+/(20−64)］为 2011 年的数据，由于 2014 年多数据缺失。

数据来源：OECD 网数据统计，http：//stats. oecd. org/.

根据我国国家统计局的数据，1994 年分税制改革以来，我国的宏观税负水平不断提高，税收收入占国民收入的比重从 1994 年的 10.59%增长到 2013 年的 18.83%。在此期间，各项税收总额年均增长率达 17.65%，而同期国民收入的年均增长率仅为 9.81%，税收增速超经济增速近 1 倍。这一现象的形成，一方面是由经济发展规律所决定的，即从世界范围来看，一国宏观税负水平随经济发展水平的提高而提高；另一方面则是与我国人口老龄化进程加快相关。人口老龄化进程加快，将导致养老保险支出额快速增长。我国养老保险体系为“统账结合”的部分基金制，但由于对制度转轨成本没有做出相应的妥善安排以及其他种种原因，在制度的实际运行中，养老金的供给和支付并没有按制度设计的轨道运行，导致个人账户资金被挪用和挤占情况严重，形成个人账户“空转”运行，使现行的企业职工养老保险隐含着巨大的支付压力，使部分基金制演变为完全的现收现付制。在“现收现付制”下，养老保险缴费实质上相当于对劳动人口的产出征税，因而在其他条件不变的情况下，由老龄化进程加快导致的养老保障支出增加，将进一步推动宏观税负水平的提升，而宏观税负的提高会降低经济增长速度。

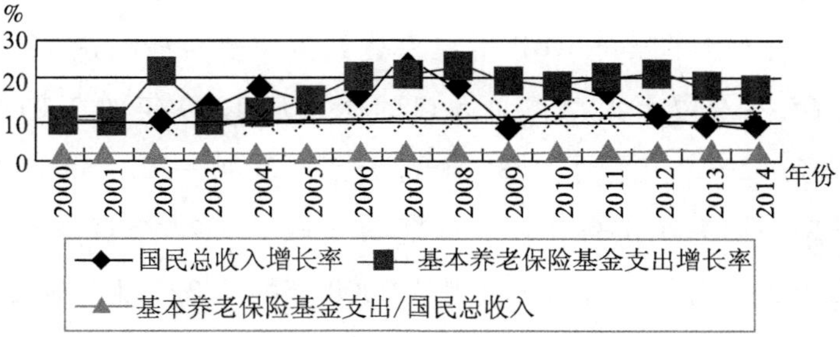

图 5.2　我国国民总收入和基本养老基金增长率及比值

数据来源：中华人民共和国国家统计局网站，网址：http：//data. stats. gov. cn/.

由图 5.2 可见，2000—2014 年，我国基本养老保险基金支出增长率多数年份高于国民总收入增长率。这一期间我国基本养老保险的平均增长率为 17. 65%，我国国民总收入平均增长率为 14. 07%，低于养老保险基金支出平均增长率 3. 57 个百分点。我国基础养老保险的发放与上年度在职职工月平均工资与个人指数化缴费工资的平均数成正比，也就是说，在经济平稳的前提下，工资增长率应与经济增长率相同，即基本养老保险增长率应大体与经济增长率相同。随着我国老年抚养比（65 岁及以上人口占 15 ~ 64 岁人口的比重）的比重不断提高，如果保持现有的基本养老金支付方式，养老支出将相应增加，即国民总收入中用于养老基金的比重需要增加，这也意味着宽口径宏观税负将随着人口老龄化进程的加快而加重。根据联合国人口预测数据，在中等生育率条件下，我国老年抚养比（65岁及以上人口占20~64岁人口的比重）将在2055年前后达到50.04%。届时，如果在现有养老保障体制不改变的条件下，我国国民总收入中用于养老支出的比重将进一步增加，也将进一步推高我国的宏观税负水平。

（2）中国与日本、韩国有着相似的社会文化背景，经济发展、人口结构的变动也很相似，因而日本、韩国也具有很大的可借鉴性。由图5.3可知，根据国际上以65岁及以上人口占总人口的比重达到7%及以上即为老龄化社会的标准，韩国于2000年进入老龄化社会。1970—1999年，韩国实际GDP增长率平均为8.79%，且20世纪80年代中期到90年代中期，有6年的实际GDP增长率达到两位数，最高达13.24%。而同期韩国65岁及以上人口占总人口的比重从1970年的3.07%上升到1999年的6.92%，上涨了3.85个百分点。2000—2014年，韩国实际GDP增长率平均为4.37%，较上一期间下降了4.24个百分点，而同期65岁及以上人口占总人口的比重则从2000年的7.22%上升到2014年的12.66%，上升了5.44个百分点。相比之下，韩国老年人口的比重1970—1999年30年间上升了3.85个百分点，而2000—2014年，该比重15年间上涨了4.24个百分点。这表明韩国进入老龄化社会后，其老龄化进程明显加快。这也表明，韩国人口的快速老龄化是导致其经济增长速度在2000年后明显放缓的一个重要因素。韩国在进入老龄化社会前的1970—1999年，财政收入占GDP的比重平均为22.26%。从2000年进入老龄化社会后该比重上升到24.73%。其中，2000—2014年，韩国社会保障收入占税收收入的比重从2000年的16.70%上升到2014年的26.90%，上升了10.2个百分点，这也进一步说明，人口老龄化是推动韩国宏观税负水平提高的一个重要因素。

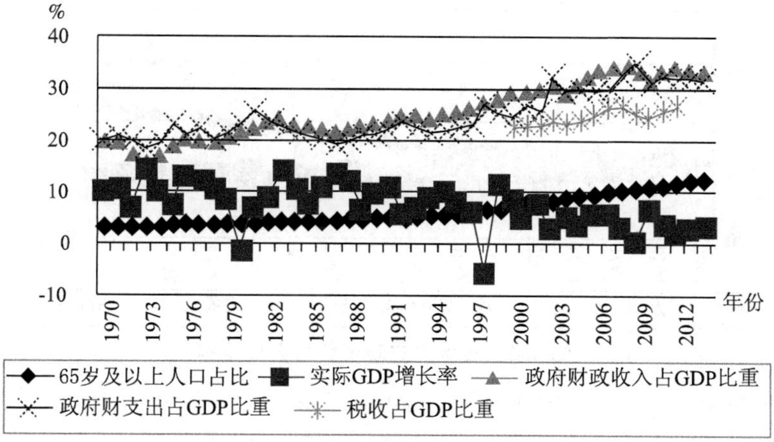

图 5.3 韩国的宏观税负与人口结构

数据来源：OECD 网数据统计，http：//stats. oecd. org/.

如图 5.4 所示，根据可得数据，1971—1992 年，日本实际 GDP 增长率为 4.51%，此后的 1992—2014 年，日本实际 GDP 增长率为 0.81%。从日本的老龄人口占比看，1971—1992 年，日本 65 岁及以上人口占总人口的比重从 1970 年的 4.94%上升到了 1992 年的 13.05%，22 年间上涨了 8.11 个百分点，而此后的 1992—2014 年，该比重从 1992 年的 13.05%上升到了 2014 年的 26.56%，22 年间上涨了 13 个百分点。可见，在很大程度上，日本的人口老龄化对日本经济的负面影响很大。随着日本经济增长率的下降，2000—2011 年，日本税收收入占 GDP 的比重平均值为 27.19%，12 年间变动不大，最大波幅不超过 1.5 个百分点。虽然日本税收占 GDP 的比重增长幅度不大，但从日本财政收入和财政支出占 GDP 比重的增长率来看，日本财政赤字严重，且与日本人口年龄化程度同向变动。根据李嘉图等价定理，这也在一定程度上说明日本人口老龄化进程的加快加速了日本宏观税负水平的提高。此外，根据 OECD 官网的统计数据，从 20 世纪 90 年代开始，日本人口老龄化进程加快，这导致日本社会保障收入占税收总收入的比重从 1990 年的 26.40%上升到 2012 年的 41.60%，上升了 15.2 个百分点。这也进一步说明了日本人口老龄化进程的加快是导致日本宏观税负上升的主要因素之一。

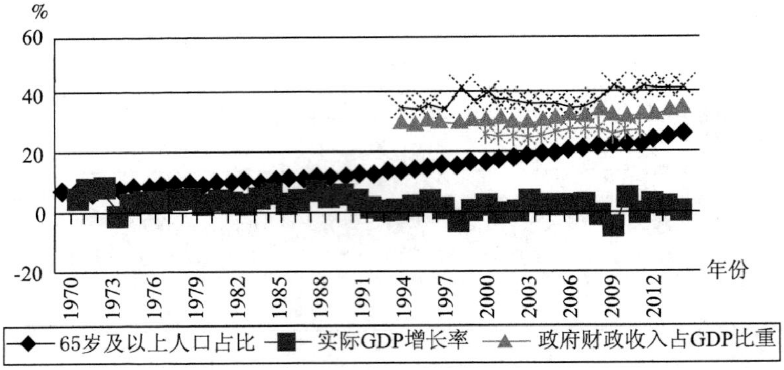

图 5.4　日本的宏观税负与人口结构

数据来源：OECD 网数据统计，http：//stats. oecd. org.

我国经济增长也同样经历了从快速增长到中高速增长的转变。改革开放以来，我国经济快速增长，学者将我国经济快速增长的原因归结为“制度红利”“人口红利”“低收入国家向高收入国家迈进的自然增长”“全球化红利”。但不可否认，“人口红利”对我国经济的快速增长作用重大。根据国家统计局的数据，1982—1999 年，我国少儿抚养比从 54. 6%下降到 42. 6%，下降了 22 个百分点，而同期老年抚养比从 8. 0%上升到 9. 9%，仅上升了 1. 9 个百分点，这使得我国的总抚养比下降了 15. 2 个百分点。这一期间，快速下降的总抚养比在一定程度上加速了我国经济的快速增长。1978—1999 年，我国 GDP 增长率平均达 9. 85 个百分点。2000 年，我国正式进入老龄化社会。2000—2014 年，我国少儿抚养比从 32. 6%下降到 22. 5%，下降了 10. 1 个百分点，而老年抚养比则从 9. 9%上升到 13. 7%，上升了 3. 8 个百分点，总抚养比从 42. 6%下降到 36. 2%，下降了 6. 4 个百分点。同期，我国 GDP 的平均增长率为 9. 81%。比较我国进入老龄化社会前后的两个时期，进入老龄化社会后，我国抚养比的下降速度明显减小。总抚养比下降的减缓，特别是老年抚养比的快速上升，造成社会总产出中用于消费的比重相对上升，而用于扩大再生产的比重相对下降，这不利于投资的增长。根据国家统计局网站的数据，相较于 2000 年前后 14 年，我国年度固定资产形成总额的增长率，1986—1999 年，我国年度固定资产形成总额增长率的平均值为 20.74%，而 2001—2014 年，我国年度固定资产形成总额增长率的平均值为 16.66%，较上一期间下降了 4.08 个百分点。这一方面与资本收益边际递减规律相关；另一方面与我国人口老龄化带来的储蓄率下降有关。

莫迪利安尼的生命周期理论认为，个体的消费不仅取决于该个体目前的绝对收入水平，还取决于该个体终生的收入。理性个体会从一生角度来安排其消费和储蓄。他将人的一生划分为成长期、青年期、成年期、成熟期和老年期 5 个不同的生命阶段。个体在成长期没有收入，需要父母的供养。青年期为该个体从参加工作到结婚的时期，这一时期，个体的工作经验不足等原因所造成其收入水平相对较低，这使得青年期个体的收入中用于消费支出的比重相对较高，而储蓄占总收入的比重则相对较低。成年期为从个体的子女出生到其子女上大学的期间，这一时期个体收入稳定增长，积累逐步增长，储蓄开始增加。成熟期是指个体子女参加工作到该个体退休的时间段，这一段时间个体工作经验丰富，收入相对较高，且由于个体抚养负担较小和需要为其退休时期储蓄等因素，该时期个体收入中的储蓄比相对较高。老年期为个体生命的最后一个阶段，该期间个体处于退休状态，其收入相对较低，需要动用之前的储蓄，所以这一时期储蓄相对较小。根据国家统计局的数据，2000 年我国老年抚养比为 9.9%，2010 年该占比上升到 11.9%，10 年间上升了 2 个百分点，而 2011—2014 年，该占比从 11.9%上升到 13.7%，4 年间上升了 1.8 个百分点。同时，我国少儿抚养比从 2000 年的 32.6%下降到 2010 年的 22.3%，10 年间下降了 10.3 个百分点。在快速下降的少儿抚养比和不断上升的老年抚养比的作用下，我国总人口中处于成年期和成熟期的人口数量减少，而进入老年期的人口数量增加。按照生命周期理论，成年期和成熟期人口比重下降，而其他年龄期人口比重上升，会使社会总收入能力下降、总消费水平提高，进而减少社会的总储蓄水平。

根据国家统计局城乡居民人民币储蓄存款年底余额的数据，我国进入老龄化社会前的 14 年，即 1986—1999 年，我国城乡居民人民币储蓄存款年底余额增长率的平均值为 29.67%；而进入老龄社会后，即 2001—2014

年，我国城乡居民人民币储蓄存款年底余额增长率的平均值为 15.62%，下降了 14.05 个百分点。因此，我国近年来储蓄水平的下降与人口老龄化进程的加快不无关系。

长期以来，我国经济的快速增长离不开高储蓄率和高投资率对经济增长的拉动作用。根据国家统计局网站的数据，1978—2014 年，最终消费支出对国内生产总值增长贡献率平均为 58.09%，最终消费支出平均拉动国内生产总值增长 5.49 个百分点，而同期资本形成总额对国内生产总值增长贡献率为 37.70%，资本形成总额平均拉动国内生产总值增长 4.10 个百分点。如前所述，人口老龄化进程的加快，将在一定程度上导致我国消费的上升和储蓄的下降，而储蓄是投资的基础，因此储蓄的下降将进一步降低经济增长速度。此外，随着的人口老龄化进程的加快、老年抚养比的快速提高，若要保障不断增长的老年人口的生活水平不至于下降，则需要不断增加养老保障支出。目前，我国基本养老保障资金由用人单位和个人的缴纳以及政府的补贴构成。随着我国经济增长速度的放缓，企业和个人交纳部分的增长率也将随之放缓。国家统计局的数据显示，1995—2008 年，除 1997 年和 1998 年亚洲金融危机期间外，我国基本养老保险基金收入的增长率都高于其支出的增长率，而 2009—2014 年，我国基本养老保险基金收入的增长率都低于其支出的增长率。2009—2014 年，我国国民总收入增长率分别为 8.4%、10.3%、8.9%、8.5%、7.1%、7.8%，基本养老保险基金收入的增长率分别为 17.97%、16.78%、25.90%、18.38%、13.40%、11.59%，基本养老保险基金支出的增长率分别为 20.36%、18.67%、20.93%、21.91%、18.69%、17.78%。可见，虽然受经济增长放缓的影响，我国基本养老保险基金的收支增长率都有所放缓，但收入的下降速度明显快于支出的下降速度。这与我国基本养老保险基金的收支方式有关。目前，我国养老保险缴费构成为：国家法律规定企业缴费比例是 20%，个人是 8%，而基本养老保险的支出与个人指数化缴费和上一年度平均工资水平相关。在资本—劳动比短期不变的条件下，人口老龄化是我国基本养老保险的收、支增长率的差距拉大的重要原因。假设今后在资本—劳动比没有快速提高的情况下，养老保障支出的增加将成为推动我国宏观税负上升的重要因素。一般而言，宏观税负较高将对一国经济增长产生负面影响。世界银行经济学家凯思·马斯顿通过对 20 世纪 70 年代具有可比性的 20 多个国家的经验数据进行比较后，得出了“较低的宏观税负对一国的经济的积极的促进作用①”的结论。

拉费曲线是解释宏观税负与经济增长适应性的著明经济理论。拉弗曲线表明税收与税率呈“倒 U”型关系，即税收收入会随着税率的增长而增长，但当税率达到峰值点后，税率的进一步提高会导致税收收入的下降。因而从一国宏观税负水平来看，其宏观税率不能超过“倒 U”型曲线的峰值点，否则会导致经济增长率下降和产出减少，进而使税基缩小、税收收入减少。因而在保证宏观税负水平不会对经济造成负面影响的前提下，对税制结构进行调整以达到税收收入和产出的同时增加成为必然的选择。从 OECD 国家的税制结构变化来看，由于宏观税负水平最终受经济增长水平的制约，在既要满足养老保障筹资需求又要保证经济持续增长的约束下，OECD 国家税制结构的调整表现为提高养老保障税负水平、总体降低一般性税负水平。

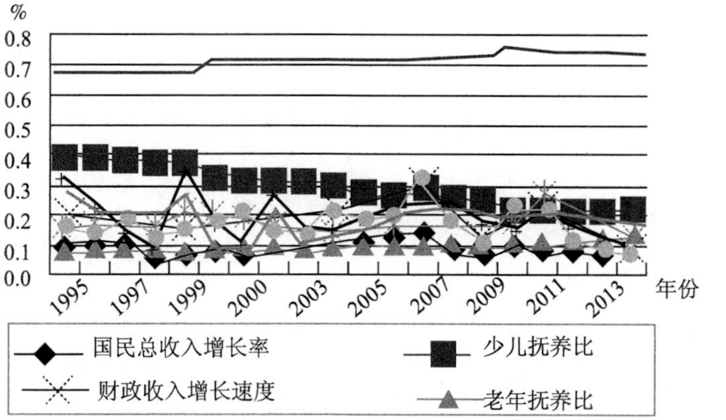

图 5.5 中国的宏观税负与人口抚养比

数据来源：中华人民共和国国家统计局网站，网址：http：//www. stats. gov. cn/.

① 陈共．财政学［M］. 北京：中国人民大学出版社，2009:250.

可见，人口老龄化影响宏观税负变动的路径为：人口老龄化进程加速，养老保障支出增加，宏观税负加重，经济增长减缓，相对经济增长减缓；而养老保障支出的增加，进一步加重了宏观税负，同时减缓了经济增长。因此，为保证经济增长，要减轻一般性税负水平。

6 人口老龄化背景下我国税制选择的动态模拟分析

6.1 人口老龄化对资本、劳动和消费课税的经济影响——基于拉姆齐模型

相比 Solow 模型，拉姆齐模型内生的储蓄率不再是固定不变的，而是会随着人均收入水平和人均资本存量的变化而变化，即经济中的理性个体可以通过最大化其一生效用水平来选择消费路径和储蓄行为。莫迪利安尼（Modiglaini，1986）指出储蓄率会受收入增长率的影响，因为收入增长率的快速增长可以降低老年人口现在的消费以获取未来更多的消费。本书借鉴了 Koichi Futagami 与 Tetsuya Nakajima（2001）用一个包含储蓄行为的连续时间模型，研究了人口老龄化下税收与经济增长之间的关系。

6.1.1 模型的基本框架

在一个经济体中，只存在一种单一产品，这种产品既可以用于消费，也可以作为投资。经济中存在大量个人与厂商。个人具有无限生命，他们通过向劳动力市场提供劳动获得收入，并通过最大化其一生效用水平来选择消费路径和储蓄行为；厂商通过选择资本与劳动雇佣量来最大化其利润水平。产品市场和要素市场都是完全竞争的，因此，要素和产品的价格都由完全竞争的市场来决定。

（1）家户的假设。假设家户在时间 z 出生，且其寿命为 T。每个家户

以不变弹性提供 1 单位有效劳动直到退休年龄 θ（$0<\theta<T$）。每个家户向市场提供资本与劳动并取得收入，并假设每个家户不留遗产，则家户行为方程可表示为：

$$\underset{(c)}{\mathrm{Max}} \int_{Z}^{Z+T} e^{-\rho t} \log c(z,t)\,\mathrm{d}t \tag{6.1}$$

$$\text{s.t.}\quad \frac{\partial b(z,t)}{\partial t} = w(z,t) + r(t)b(z,t) - c(z,t) \tag{6.2}$$

$$w(z,t) = \begin{cases} w(t) & (t < z+\theta) \\ 0 & (z+\theta \geqslant t) \end{cases} \tag{6.3}$$

$$b(z,z) = b(z,z+T) = 0 \tag{6.4}$$

参数 ρ 代表时间偏好，$c(z,t)$ 表示一个出生于时间 z 的代表性家庭，在时间 t 的消费。$\log c(z,t)$ 为瞬时效用，$b(z,t)$ 为出生于时间 z 的代表性家庭的储蓄量。$r(t)$ 为实际利率。方程（6.2）为家庭的预算约束。方程（6.3）中的 $w(z,t)$ 表示工作时期的工资率，退休时工资率为 0。方程（6.4）表示家户在生命开始时没有资产，终止时没有负债。

根据以上可得最优消费为：

$$c(z,t) = \frac{\int_{z}^{z+\theta} w(v)e^{-R(z,\,v)}\,\mathrm{d}v}{\int_{z}^{z+T} e^{-P(z,\,v)}\,\mathrm{d}v} e^{R(z,t)-P(z,t)}$$

$$R(z,\ x) = \int_{z}^{x} r(\gamma)\,\mathrm{d}\gamma\ ,\ P(z,\ x) = \int_{z}^{x} \rho\,\mathrm{d}\gamma \tag{6.5}$$

假设家户数量为 N 且不变，并假设每个家户除出生时间不同外其他同质，并且不同代的家户以相同方式分配其收入。因为每个家户的生存时间为 T，则每一代家户数量为 N/T。由前述假设可知，时间 t 的总消费方程为：

$$C(t) = \int_{t-T}^{t} \frac{N}{T} c(z,t)\,\mathrm{d}z \tag{6.6}$$

（2）厂商假设。假设完全竞争的市场中有 i 个厂商，则每个厂商的产出为：

$$Y_i = AK_i^{1-\alpha}\ (L_i\bar{K})^{\alpha} \tag{6.7}$$

其中，$\bar{K} = K/L$，$\bar{K}$ 外生且为正数，它表示劳动力平均知识水平。Y_i 表示第 i 个厂商的产出，K_i 第 i 个厂商拥有的资本量，L_i 表示第 i 个厂商所雇佣的劳动力数量，K 为经济体中的总资本，L 为不变劳动力供给，表示为：

$$L = \int_{t-\theta}^{t} (N/T)\,\mathrm{d}z = \theta N/T \tag{6.8}$$

基于利润最大化条件，资本的边际产出等于利率，劳动的边际产出等于工资率。

$$r = A(1-\alpha)K_i^{-\alpha}(L_i\bar{K})^{\alpha} \tag{6.9}$$

$$w = A\alpha K_i^{-\alpha}L_i^{\alpha-1}\bar{K}^{\alpha} = \alpha Y_i/L_i \tag{6.10}$$

（3）市场均衡条件。假设资本劳动比在各企业间同质，即 K_i/L_i，市场处于一般均衡时，由方程（6.7）~（6.10）可以得出：

$$Y = AK \tag{6.11}$$

$$r = A(1-\alpha) \tag{6.12}$$

$$wL/Y = \alpha \tag{6.13}$$

其中，Y 表示总产出。以上表示，资本产出比及以利息和工资收入比为常数。设 g 为增长率，则有：

$$g \equiv \frac{\dot{w}}{w} = \frac{\dot{K}}{K} = \frac{\dot{Y}}{Y} \tag{6.14}$$

当 r 和 g 为常数时，方程（6.5）可写为

$$c(z,t) = \frac{\rho}{(1-e^{-\rho t})}\frac{(1-e^{-(r-g)\theta})}{(r-g)}w(z)e^{(r-\rho)(t-z)} \tag{6.15}$$

由方程（6.6）、方程（6.8）和（6.15）可得总消费为：

$$C(t) = D(g;T)w(t)L \tag{6.16}$$

其中，

$$D(g;T) = \left[\frac{\rho}{(1-e^{-\rho T})}\right]\frac{(1-e^{-(r-g)\theta})}{(r-g)\theta}\frac{(e^{(r-g-\rho)T}-1)}{(r-g-\rho)} \tag{6.17}$$

不考虑折旧，则资本市场的均衡条件为

$$\dot{K} = Y - C \tag{6.18}$$

由方程（6.11）、方程（6.13）、方程（6.16），方程（6.18）可写为

$$g = As(g;T) \tag{6.19}$$

其中，

$$s(g;T) = 1 - \alpha D(g;T) \tag{6.20}$$

$s(g;T)$ 为平均储蓄率，其由经济增长率 g 与生存时期 T 以及其他参数确定。g 满足方程（6.19），代表均衡增长率。将方程（6.19）做图，如图 6.1 中曲线所示，45°线相切与 E_1 和 E_2。在 E_2处，不是均衡点，E_2点处 $r=g$，此时有 $D(g;T)\mid_{g=r}=1$，且 $\partial^2 D/\partial^2 g > 0$。因而我们只考虑 E_1点，即 $g<r$ 时。如图 6.1 所示，E_1点存在的必要条件为，$s(0;T) < 0$ 和 $A\partial s(g;T)\mid_{g=r} < 1$。

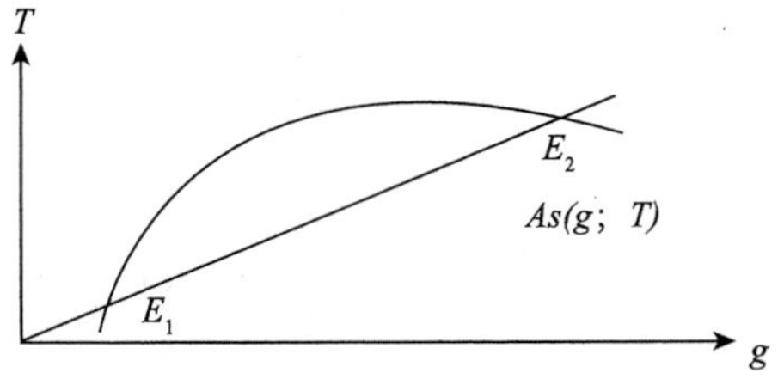

图 6.1　产出市场均衡

（4）人口老龄化与经济增长。人口老龄化与经济增长的关系可表示为方程（6.21），其由方程（6.19）进行隐函数求导得出。

$$\frac{\mathrm{d}g}{\mathrm{d}T} = \frac{A\partial s(g;T)/\partial T}{1 - A\partial s(g;T)/\partial g} \tag{6.21}$$

首先对等式（6.21）的分母进行判断。在图 6.1 的 E_1点，因为 $As(0;T) <0$，且 $As(g;T)$ 的斜率在 E_2点小于 45°线，所以 $As(g;T)$ 线必须相切于 45°线下方，所以在 E_1有：

$$A\partial s(g;T)/\partial g > 1 \tag{6.22}$$

这意味着增长效应 $\partial s(g;T)/\partial g$ 为正，且其足够大以至于式（6.21）分母为负。这表明 g 的增长有两方面的影响：一是增长率 g 的升高，提高

了整个生命期的工资收入，即 $w(z)(1-e^{-(r-g)\theta})/(r-g)$，相应地，代表性家户将增加每个时间的消费，即这对消费—收入比有正效应。二是相对于现在的收入，增长率 g 的升高，降低了老年人口消费。由于老年人口的收入绝大部分来源于过去的收入，因而 g 越高，过去与现在收入的差距就越大。式（6.17）中的 $e^{(r-g-\rho)T}/(r-g-\rho)$ 代表 g 与总消费—收入比的负向关系。本模型表明，以上两方面影响中，第二方面的影响在 E_1 占主导地位。消费—收入比与增长率 g 负相关，因而储蓄率与 g 正相关。由等式（6.17）和（6.19）有：

$$\frac{\partial s}{\partial T}=-\frac{\alpha\rho^2 Te^{(r-g-\rho)T}}{\theta(1-e^{-\rho T})^2}\left[\frac{1}{r-g-\rho}\left(\frac{1-e^{-\rho T}}{\rho T}-\frac{1-e^{-(r-g)T}}{(r-g)T}\right)\right](1-e^{-(r-g)\theta})<0 \tag{6.23}$$

这意味着，如果 g 为常数，随着个体生存时期的延长与储蓄率负相关。其原因可能为：一方面，随着个体生存时间的延长，个体会减少其在每一时间的消费来为其相对延长退休时期增加储蓄，这一点可由式（6.17）中的 $\rho/(1-e^{-\rho T})$ 项随着 T 的增加而下降得出。另一方面，个体生存时间的延长意味着退休个体的总人数将会增加，而这将带来总消费的增加。这一点可由 $(e^{(r-g-\rho)T}-1)/(r-g-\rho)$ 项随着 T 的增加而增加得出。由不等式（6.23）可见，由于上述两方面的原因中后面的因素相对于前一因素影响更大，因为只要增长率 g 不变，总储蓄率将随着个体生存时间的延长而下降。因而综合（6.21）和（6.23）有：

$$\mathrm{d}g/\mathrm{d}T>0 \tag{6.24}$$

即个体生存时间的延长对经济增长有正效应，其对储蓄率的总效应也是正的。

$$\frac{\mathrm{d}s(g;T)}{\mathrm{d}T}=\frac{\partial s}{\partial T}+\frac{\partial s}{\partial g}\frac{\mathrm{d}g}{\mathrm{d}T}=\frac{\partial s/\partial T}{1-A\partial s/\partial g}>0 \tag{6.25}$$

上述比较分析显示：人口老龄化对经济增长率和储蓄率有正向作用，同时也显示了储蓄对经济增长的促进作用。人口平均寿命延长对经济增长形成正向作用的机理主要为：一是该模型假设每个家户为理性人个体，所以一个理性家户面对其平均寿命的延长会将其终生收入中更大的部分用于储蓄以备养老，这会使整个经济体的产出中用于储蓄的比例增加，而新古典模型中储蓄是投资的主要来源，所以储蓄增加带来了投资的增长，进而促进了经济的增长。二是因为该模型假设每个家户同质，即每一时期每个家户提供同质劳动和相同的劳动供给，这不能反映人口结构变化对劳动供给的影响，也就是人口结构变化对劳动供给没有影响，所以得出人均寿命延长对经济增长有正向作用的结论。

6.1.2 引入税收与人口结构

设政府所有收入来源于税收，并假设政府对家户工资收入的征税率为 τ_w，对消费税的征税率为 τ_c，对资本收益的税率为 τ_r。并假设养老保障体系为“现收现付制”，$h(z,t)$ 表示养老金，其来源于对工作个体工资的一定比例 τ_s。政府的预算约束为：

$$G + h(t) = \tau_w wL + \tau_r rB + \tau_c C + \tau_s(t)\theta/(T-\theta) \tag{6.26}$$

$$h(t) = \tau_s w(t)\theta/(T-\theta) \tag{6.27}$$

其中，$h(t)(T-\theta)N/T = \tau_s w(t)\theta N/TG$，则 $h(t) = \tau_s w(t)\theta/(T-\theta)$。为政府总税收收入，$B$ 为总资产。则在引入税收和养老保障后家户的预算约束变为：

$$\text{s. t. } \frac{\partial b(z,t)}{\partial t} = (1-\tau_w)(1-\tau_s)w(z,t) + (1-\tau_r)r(t)b$$

$$(z,t) - (1-\tau_c)c(z,t) \tag{6.28}$$

其中，$h(z,t)=0$，$(t<z+\theta)$。$h(z,t)=h(t)$，$(t\geqslant z+\theta)$。假设预算平衡。

则方程（6.5）可写为

$$c(z,t) = \frac{\rho}{(1-\tau_c)(1-e^{-\rho t})}\frac{(1-\tau_w)(1-\tau_s)(1-e^{-(r-g)\theta})}{(r-g)}w(z)e^{(r-\rho)(t-z)} \tag{6.29}$$

通过构建现值汉密尔顿函数可求得

$$c(z,t) = \frac{\rho}{(1-\tau_c)(1-e^{-\rho t})} \frac{(1-\tau_s)(1-\tau_w)(1-e^{-((1-\tau_r)r-g)\theta}) + \frac{\theta}{T-\theta}\tau_s(e^{-((1-\tau_r)r-g)\theta} - e^{-((1-\tau_r)r-g)T})}{((1-\tau_r)r-g)} w(z)e^{((1-\tau_r)r-\rho)(t-z)} \tag{6.15}$$

$$D(g,\ t) = \frac{\rho}{(1-\tau_c)(1-e^{-\rho t})} \frac{(1-\tau_s)(1-\tau_w)(1-e^{-((1-\tau_r)r-g)\theta}) + \frac{\theta}{T-\theta}\tau_s(e^{-((1-\tau_r)r-g)\theta} - e^{-((1-\tau_r)r-g)T})}{((1-\tau_r)r-g)} \frac{(e^{((1-\tau_r)r-g-\rho)T}-1)}{(1-\tau_r)r-g-\rho} \tag{6.17}$$

均衡条件为

$$g = As(g;T) \tag{6.19}$$

其中，

$$s(g;T) = 1 - \alpha D(g;T) \tag{6.20}$$

对式(6.19) 做图如图 6.1 所示，同时假设其切点形如 E_1，且 $g < (1-\tau_r)r$ 。就(6.20) 分别对 τ_r , τ_w , τ_c 求导。结果表明，增税都会降低经济增长率。对消费征税降低了贴现率，使人们更倾向于未来的消费，有利于储蓄。而对劳动收入的征税则正好相反，在考虑到退休时间后，延长退休时间可以增加劳动供给，在对劳动收入征税条件不变的情况下会增加储蓄总量，有利于经济增长。对资本增税会降低经济增长率，但结合对消费和劳动的征税，(6.17) 中 $(1-\tau_w)/(1-\tau_c)$ 表明，相较于对消费征税和对劳动征税而言，对劳动征税对经济增长的负向影响更大。在固定税收不变的情况下，延长退休年龄会增加个体的消费，相对降低储蓄率，但另一方面延长退休年龄会增加劳动供给，劳动收入的增加则有利于储蓄率的提高。综合来看，增加对消费的征税对经济增长的影响相对较小，但在退休年龄不变的条件下，个体生存时间的延长，会降低老年人口的消费。因为老年人口的收入主要依赖于年轻时的储蓄和养老金收入，其收入水平相对较低。

6.2 我国人口老龄化背景下的税制模拟分析——基于 OLG 模型

OLG 模型假设经济为一个无限期存在的系统，经济决策活动在一些离散点上发生。用 $t=1$，2，…，来表示这些时间点，当前值用 t 来表示。模型假定每个具代表性的生命个体生存期间有限。在有限的生命个体中，老一代人离去，新一代人诞生。因而其自然成为研究人口结构变动对经济影响的良好平台。Auerbach 和 Kotlikoff 于 1987 年建立了第一个大规模的 OLG 动态仿真模型。该模型假定，每一期由 55 个不同年龄的个体构成。假设每个个体的生存时期相同。每个个体 20 岁时进入劳动力市场，并在其生命的前 45 年工作，而后 15 年为个体的退休期，75 岁时该个体去世。并设技术进步为外生变量，因而该模型仍属于新古典经济增长模型范畴，具备新古典模型的一般假设。此后，该模型在养老保险、财政、税收、对外贸易等方面得到了广泛的应用，同时，其他研究者也在该模型的基础上进行了一系列的扩展，如增加了不确定性的期望寿命、遗产、个人收入流动性、可贸易商品与不可贸易商品、不同消费群体及贷款限制等因素，如 HUGGETT 和 VENTURA（2000）研究了储蓄的决定性因素，他们对生命周期模型进行了校准，分析了与横截面数据相比为什么高收入家户储蓄要高于低收入家户。HUGGETT（2001b）研究了遗产在财富不平等中的作用。但以上研究都是在 Auerbach-Kotlikoff 模型的基础上对一些相关变量加入约束条件，并没有对该模型进行实质性的修改，但这也正是在一定程度上说明了 Auerbach-Kotlikoff 模型应用的广泛性和可靠性。

本节是在 Auerbach-Kotlikoff 模型的基础上，将联合国对中国人口分年龄段预测数据通过单位化引入模型，用以分析人口结构变化下对不同税基（资本收益、劳动收入和消费）征税对经济增长的影响。

6.2.1 模型构成

（1）家户部门

模型假设，在生命的第 1 期，新诞生的代表性个体以终生效用最大化为原则，对其一生的消费和储蓄进行安排。假设该个体生存的前 4 期为该个体的工作时期，而最后 2 期为该个体的退休时期。当第 6 期结束时，该个体死亡。每个个体在工作时期将其收入用于消费和个人储蓄，由于个体在年老时没有工资收入，理性的个体会以其终生效用最大化为原则来考虑其当前和未来消费，即最大化（6.30）式。设每个消费者终生效用函数为离散型常替代弹性 CES 效用函数：

$$U = \sum_{g=1}^{6} \left(\frac{1}{1+\rho}\right)^{(g-1)} C_{t+g-1,\ g}^{1-\theta} \quad 0 < \theta < 1 \tag{6.30}$$

其中，$C_{t,g}$代表第 g 代人在 t 时期的消费，并假设每个个体有相同的消费函数；ρ 是跨期消费的贴现系数；θ 为跨期替代弹性的倒数。方程（6.1）表明每个代表性个体的终生效用为其 6 期效用的加权总和。个体在其可支配收入、储蓄、财产、养老金等的约束下最大化其终生效用。可支配收入为扣除各项税收和养老金缴费后的工资（工作期）或养老金和利息收入的总和（退休期）。

$$\mathrm{DI}_{t,\ s} = w_t(1 - cr_t)(1 - tw_t)h_{t,\ g} + r_t(1 - tr)\mathrm{AS}_{t,\ g} + (1 - h_{t,\ g})\mathrm{P}_{t,\ g} - C_{t,\ g} \cdot tc \tag{6.31}$$

$$h_{t,g}=1\ , \quad (g=1,\ 2,\ 3,\ 4); \qquad h_{t,g}=0\ , (g=4,\ 5)$$

其中，cr_t为强制性现收现付制下养老金缴费率，即每个个体工作时期，其工资收入中上交养老保险基金的比例；$\mathrm{AS}_{t,g}$表示 t 时期的第 g 代人所拥有的物质财富；$h_{t,g}$是在 t 时期年龄组 g 的个体所提供的有效劳动力系数，设工作时期为 1，退休时期为 0，即个体退休后不再参与劳动；$P_{t,g}$是时期 t 年龄组 g 退休以后的养老金收入。tr 和 tc 为资本收益税税率和消费税税率，tw_t是劳动收入税税率，根据个人所得税的累进机制，工资税税率将随着工资率的上升而提高。个体的储蓄为其可支配收入减去当期消费，个体投入下期的财产为当期财产加当期储蓄。

$$tw_{t+1} = tw_t \cdot (w_{t+1}/w_t) \tag{6.32}$$

个人储蓄与财产积累方程为：

$$SV_{t,g} = DI_{t,g} - C_{t,g} \tag{6.33}$$

$$AS_{t+1,g+1} = AS_{t,g} + SV_{t,g} \tag{6.34}$$

以上方程表明个体终生财富的积累来源于储蓄，而储蓄由可支配收入与消费之差来确定，而可支配收入包括扣除工资税和养老保险缴费后的工资收入、扣除利息税后的投资收益，以及退休后的养老金和消费税之差。每个个体都是理性的消费者，当个体处于工作时期时他们有工资收入和投资收益，退休后其消费依靠养老金收入和积累的财产，基于理性人终生效用最大化的理论设定，假设个体死后不留遗产，个体财产用于消费与储蓄分配的预算约束方程为方程（6.34）。

每个家户的最优消费选择是其在预算约束下最大化其效用，即每一个家户在方程（6.34）的约束下最大化公式（6.30）。从效用最大化问题出发，每个家户在随着时间推移时其消费演进的方程可以表示如下：

$$C_{t+1,g} = [1 - r_{t+1}(1 - tr)]/(1 - \rho))^{1/\theta} \cdot C_{t,g} \tag{6.35}$$

上述跨期最优行为方程，可通过建立拉格朗日函数，由欧拉方程得到

$$L = U + \sum_{g=1}^{6} \lambda_g \left\{ -AS_{t+1,g+1} + w_t(1 - cr_t)(1 - tw_t)h_{t,g} + [1 + r_t(1 - tr)]AS_{t,g} + (1 - tw_t)(1 - h_{t,g})P_{t,g} - C_{t,g} \cdot (1 + tc) \right\}$$

如果最初的消费水平 C_1 被给定，则所有年龄段人们的最优消费行为可由方程（6.35）导出。每个不同年龄段的家户，其拥有的财产数量可由方程（6.34）得到。每个家户预期的终生效用可由方程（6.30）导出。

设养老保险体制为现收现付制，退休人员的养老金由其退休前一期的工资水平来确定。

$$P_{t+1,g+1} = p_{t,g} \cdot w_t \cdot (1 - h_{t,g}) \tag{6.36}$$

其中，$p_{t,g}$为退休金占工资的比例，即工资替代率，设退休人员的退休金为其退休前工资的65%，即设$p_{t,g}$为0.65。

（2）生产函数和厂商行为

模型假设只有一个厂商，该厂商以投入要素边际收益最大化为原则来组织生产，即以资本和劳动边际收益最大化来组织生产。假设要素的边际产出递减。设技术进步外生，资本是同质的，所有形式的劳动可以完全替代。不同年龄的家户提供相同数量的劳动投入，每单位劳动投入以某种标准量度来度量。Y_t为t时期的产出，A_t表示t时期的生产效率即全要素生产率TFP（Total Factor Productivity），是反映技术进步的重要指标，K_t为t时期的总资本；L_t为t时期的劳动力数量；w_t为t时期的工资率；r_t为t时期的资产收益率；α为产出中资本收入的比重。设生产函数的形式为Cobb-Douglas生产函数。

$$Y_t = A(t)K_t{}^{\alpha}L_t{}^{1-\alpha} \tag{6.37}$$

假定租用资本不含任何交易费用，则资本的利率等于资本边际产出率。假定劳动力的配置可以无成本调节，则稳态的工资率等于劳动力边际产出率。市场为完全竞争市场。根据生产者最优化的一阶条件可得：

$$\text{Max}\ \{Y_t - w_tL_t - r_tK_t = 0\}。$$

$$w_t = (1-\alpha)K_t{}^{\alpha}L_t{}^{-\alpha} \tag{6.38}$$

$$r_t = \alpha K_t{}^{\alpha-1}L_t{}^{1-\alpha} \tag{6.39}$$

方程（6.38）、方程（6.39）表明，在利润最大化条件下，劳动与资本的边际收益率等于其边际产出。

（3）政府行为

政府部门组织税收和养老保障资金。政府收集的税款用于一般政府支出。假设其预算平衡，所以政府没有财政赤字。政府对资本收益、工作期个体的工资收入、生存期个体的消费支出征税，且对工作期个体的工资收入收取一定比例的养老保险。政府预算收入即为总税收收入。政府部门在t时期的预算约束可表示为：

$$T_{t,\ g} = tw_t(1-cr_t)\cdot w_t.\,h_{t,\ g} + tr\cdot r_t\cdot \text{AS}_{t,\ g} + tc\cdot C_{t,\ g} \tag{6.40}$$

式（6.39）表明，政府税收为其在 t 时期对每个个体的扣除养老金缴费后工资、资本收益和消费征税的总和。则 t 时期政府总预算收入为：

$$G_t = \sum_{g=1}^{6} \mathrm{POP}_{t,g} \cdot T_{t,g} \tag{6.41}$$

式（6.41）中，$\mathrm{POP}_{t,g}$为 t 时期第 g 代人的人口数，则 $\sum_{g=1}^{6} \mathrm{POP}_{t,g}$ 为 t 时期的总人口。

（4）市场均衡条件

根据瓦尔拉斯一般均衡条件，只要 3 个市场（资本市场、劳动力市场、商品市场）中任意两个实现均衡，则第 3 个市场自动实现均衡。资本市场均衡条件为 t 时期总资本等于 t 时期各年龄组所有个体财富之和。劳动力市场均衡条件为 t 时期的有效劳动供给。

假设生产者所需的资本由家庭的储蓄形成，则资本市场的均衡条件为：

$$K_t = \sum_{g} \mathrm{AS}_{t,g} \cdot \mathrm{POP}_{t,g} \tag{6.42}$$

假设家户提供的总劳动供给正好等于企业部门的劳动需求，即劳动市场出清，则劳动力市场均衡条件表示为：

$$L_t = \sum_{g} h_{t,g} \cdot \mathrm{POP}_{t,g} \tag{6.43}$$

由于总产出等于总的消费、投资和政府支出，则商品市场均衡条件为：

$$Walras = Y_t - \sum_{g} \mathrm{POP}_{t,g}(C_{t,g} + \mathrm{SV}_{t,g} + T_{t,g}) \tag{6.44}$$

由于养老保险体制设为现收现付制，退休人员领取的养老金等于同期劳动人口缴纳的养老金。

$$\sum_{g} \mathrm{POP}_{t,g} \cdot P_{t,g} = cr_t \sum_{g} (h_{t,g} \cdot \mathrm{POP}_{t,g} \cdot w_t)$$

$$P_{t,g}=0,\ g<4;\ h_{t,g}=0,\ g\geqslant 4 \tag{6.45}$$

6.2.2 相关参数的设定

（1）人口结构的设定。模型人口结构的数据来源于联合国对中国人口发展的预测数据，即以每 5 岁为一岁龄组［Annual Total Population（Both Sexes Combined）by Five-year Age Group，Major Area，Region and Country，1950—2100（Thousands）］。由于软件运行变量的限制，模型假设每个个体存活 6 期。第一期含 20~29 岁年龄组人口（即 10 年），第二期含 30~39 岁年龄组人口，依次递推。则第 6 期，即最后一期含 70~80 岁年龄组人口，整理结果如表 6.1 所示。为满足模型数值模拟的需要，将 2015 年 20~29 岁年龄组人口抽象为 1 个代表性个体，对表 6.1 的数据进行拟化处理后，各期代表个体的数量如表 6.2 所示。

表 6.1　中国分年龄组人口预测数据（2015—2065 年）　　单位：千人

年份	20~29 岁	30~39 岁	40~49 岁	50~59 岁	60~69 岁	70~79 岁
2015	241033.65	198245.51	237276.74	178804.60	127363.36	58480.37
2025	159080.39	238900.90	195725.97	229823.54	162982.70	97021.72
2035	174226.90	157597.62	236385.80	190593.64	211385.73	127119.39
2045	158424.83	172858.42	156118.42	230956.32	177461.10	167771.80
2055	138369.91	157251.50	171547.11	153105.93	216521.30	145107.89
2065	136549.38	137461.64	156211.57	168799.83	145062.36	180264.90

数据来源：根据联合国官网（http：//esa.un.org/unpd/wpp/Excel-Data/population.htm）计算得出。

表 6.2　中国分年龄组人口预测数据（2015—2065 年单位化数据）

年份	20~29 岁	30~39 岁	40~49 岁	50~59 岁	60~69 岁	70~79 岁
2015	1.00	0.82	0.98	0.74	0.53	0.24
2025	0.66	0.99	0.81	0.95	0.68	0.40
2035	0.72	0.65	0.98	0.79	0.88	0.53
2045	0.66	0.72	0.65	0.96	0.74	0.70
2055	0.57	0.65	0.71	0.64	0.90	0.60
2065	0.57	0.57	0.65	0.70	0.60	0.75

数据来源：根据表 6.1 计算得出。

（2）消费函数相关参数的设定。对于 ρ 值的设定，索洛认为，其年率介于0.01~0.02，本书取其中间值0.015为年率，并在模型基期标定时，折算为相应期率。关于消费的跨期替代弹性 $1/\theta$，邹至庄认为 θ 的值为2时与实际经济情况最吻合，且在许多对实际经济周期进行实证分析的文献中被认为是最合理的①。顾六宝、幺海亮和陈博飞（2013）通过建立自回归分布滞后动态模型并利用年序递推方法估算的2000—2010年的跨期替代弹性值介于0.26~0.49②。本书通过对比基期瓦尔拉斯变量最终选用邹至庄的设定。

（3）其他相关参数的设定。资本替代弹性 α 的取值借鉴贺菊煌的《个人生命分为三期的世代交叠模型》一书，将其设定为0.3。在税率的设定上，借鉴岳树民（2011）对我国消费、资本、劳动有效税率的测算，并借鉴李洪心《可计算的一般均衡模型——建模与仿真》一书中对相关参数的设定。并对有关按年率计算的相关参数按复利折算成期率。期利率 r 设为0.8，有效利息税税率为0.2，有效工资税税率为0.1，有效消费税税率为0.05，退休工资替代率为0.7。

6.2.3 税制变动的动态模拟

动态仿真过程参考李洪心（2008）的研究，分两步实现，首先标定基期参数，然后以基期标定结果引入多期动态仿真。求解过程使用世界银行开发的“一般数学模型系统——GAMS”实现。

（1）模型标定。首先进行模型中的参数识别，利用基期数据进行模型的静态标定，得到最优解状态下的模型参数和基年的均衡数据集。标定结果为，全要素生产率 A 为0.6163，强制性现收现付养老金缴费

① 贺菊煌. 个人生命分为三期的世代交叠模型［J］. 数量经济技术经济研究，2002（4）：48.

② 顾六宝，幺海亮，陈博飞. 中国居民消费跨期替代弹性的年序递推统计估算研究［J］. 经济统计学（季刊），2013（1）：99.

率 cr 为0.2626，政府人均支出（不含养老支出）为0.0364。将初始产出 Y标定为1。

（2）动态仿真。为比较征收不同税种对经济效率的影响，本书设定政府对代表性个体征收固定不变的总税额。因而总税收也为外生且受每期人口结构的影响。

（3）税制结构调整的仿真过程。在固定政府对代表性个体征税总额固定不变的前提下，考查以消费税替代资本收益税，以消费税替代劳动收入税和以劳动收入税替代资本收益税对经济总量的影响。即在劳动工资税税率保持不变，将资本收益税税率降为0，并通过提高消费税率的办法来弥补资本收益税的减少；在资本收益税税率保持不变的前提下，将劳动工资税税率降为0，并通过提高消费税税率来弥补劳动工资税的减少；在消费税税率保持不变的前提下，将资本收益税降为0，并通过提高劳动工资税税率来弥补资本收益税的减少。

6.2.4 仿真结果

由于本书重在考察人口结构的变化对经济增长的影响，故将技术进步设为外生变量且不随时间的变化而变化。在此前提下，当降低资本收益税税率，并通过提高消费税税率来弥补资本收益税的减少时，均衡产出明显高于之前，如图6.2所示。当以消费税替代劳动收入税时，产出变化如图6.3所示。其结果表明，当降低劳动工资税税率并通过提高对消费税率来弥补所减少劳动工资税时，经济体的均衡产出明显高于之前。当以劳动收入税替代资本收益税时，产出变化如图6.4所示。其结果表明，当降低资本收益税税率并通过提高劳动工资税税率以弥补资本收益税的减少时，经济体的均衡产出较之前有所提高。

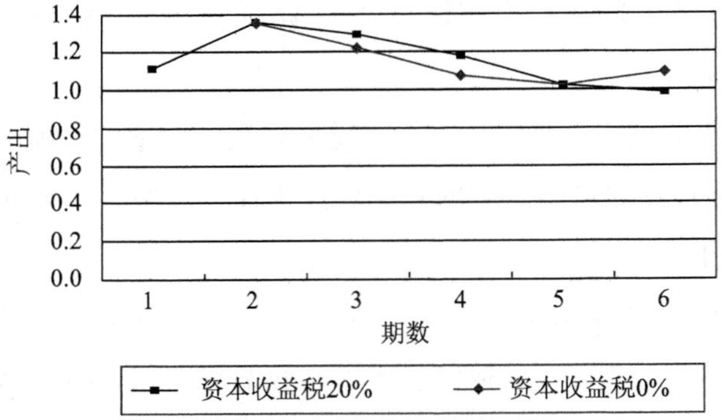

图 6.2　消费税替代资本收益税对产出的影响

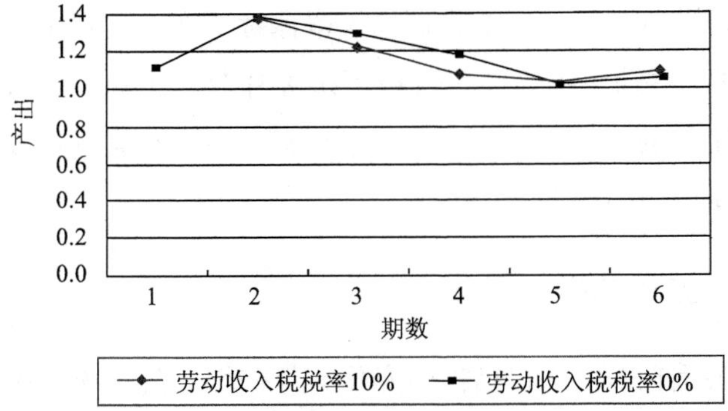

图 6.3　消费税替代劳动收入税对产出的影响

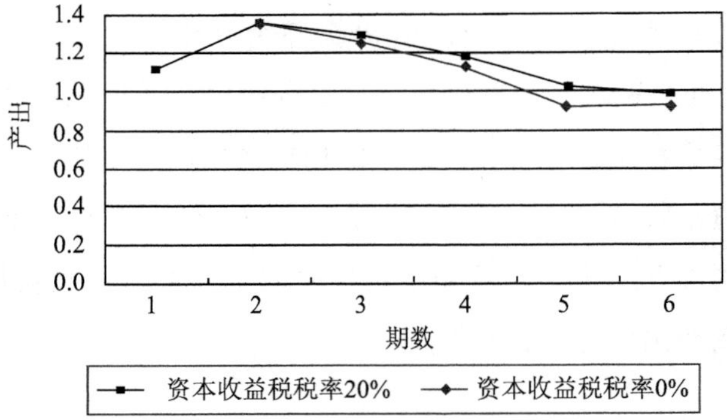

图 6.4　劳动收入税替代资本收入对产出的影响

由以上模拟结果可见，相较于对资本、劳动和消费征税而言，增加消费的课税对均衡产出的负向影响最小，增加对劳动的课税对均衡产出的负向影响次之，而增加对资本的课税对均衡产出的负向影响最大。

6.3 人口老龄化背景下税制结构演进趋向的经验分析

发达国家税制结构演变大致可分为四个阶段。一是 18 世纪中叶工业革命前的古老直接税阶段，这一时期以农业为主体，间接税为补充。二是 18 世纪中叶工业革命后至第二次世界大战前的间接税阶段，这一时期的税制结构以消费税和关税为主体。1940 年，发达国家税收收入中，消费税平均占比为 59%，而个人所得税、公司所得税和社会保障税三项收入合计所占比重为 24%①。三是二战前后到 20 世纪 80 年代的现代直接税阶段。该阶段税制结构主要以所得税、社会保障税为主体，间接税为重要补充。直接税中，个人所得税所占的比重快速提高，成为第一大税。另外，随着福利国家的兴起，社保支出在公共支出中所占的比重不断上升，这也使社会保障税在税收收入中的比重越来越大。在货物及劳务税中，自 20 世纪 50 年代法国开征增值税后，世界上越来越多的国家开征了增值税，并逐步成为多数发达国家的第三大税种。四是 20 世纪 80 年代以来的现代复合税制阶段。这一时期，随着世界经济的全球化，各国税制在相互借鉴的进程中逐渐趋同，并形成了目前以所得税、货物和劳务税（增值税）以及社会保障税为主体的税制结构。

近年来，以 OECD 国家为代表的发达的税制结构趋于稳定，但主体税种中所得税和商品劳务税占税收收入的比重逐渐趋同，社会保障税的比重不断上升，而财产税的比重总体呈下降趋势。OECD 网站统计数据显示，1965—2013 年，其成员国基本上形成了商品劳务税、所得税和社会保障税为主，财产税为辅的“3+1”的税制结构。1965 年以来，上述主体税种基本保持稳定，所得税占税收入的比重平均为 35. 84%，社会保障税占税收

---

① 解学智，张志勇. 世界税制现状与趋势（2014）［M］. 北京：中国税务出版社，2014：14.

收入的比重平均为 22.96%，商品劳务税占税收收入的比重平均为 33.42%。这期间，虽然主体税种的地位没有发生改变，但各主体税种的变动却不尽相同。所得税比重（收入、利润、资本利得税）从 1965 年的 34.72%上升到 1974 年的 39.15%后一直呈下行趋势，总体上呈倒“U”型变动。2008 年金融危机后，这一比重为 35.98%。此后，该比重降至 2010 年的 33.26%后又开始回升，但回升速度较慢，到 2013 年回升为 33.75%。而商品劳务税 1965—2013 年总体呈“U”型变动。1965 年，OECD 成员国的商品和劳务税占税收收入的比重平均为 38.39%。此后，该比重开始下降，降至 1979 年的 31.07%的谷底后开始上升，1983 年后其基本保持在 33%左右。特别是在 20 世纪 70 年代增值税被广泛推广后，该比重呈不断上升趋势。根据 OECD 网站的统计数据，其成员国增值税占税收收入的比重由 1965 年的 2.2%上升至 2013 年的 19.5%，与所得税呈“倒 U”型变动，与货物劳务税呈“U”型变动不同，社会保障税则一直呈阶梯式上升趋势。OECD 成员国社会保障税占税收收入的比重从 1965 年的 17.58%上升至 1979 年的 22.73%后，1980—1990 年，其比重保持在 22%左右，变动最大时不超过 0.2 个百分点，1990 年后，该比重又进一步上升，从 1990 年的 21.90%上升到 1995 年的 24.96%，此后的 1991—2007 年，又进入一个相对水平的时期，这一期间该比重的平均值为 24.66%，但这一时期波动较大，最大波动超过 1 个百分点。2008 年金融危机后，该比重又进一步提高，2008—2013 年，该比重的均值为 26.05%，较上一期间上升了 1.39 个百分点。财产税在 1965—2013 年的变化趋势基本呈“L”型，OECD 成员国财产税占税收总收入的平均比重从 1965 年的 7.87%下降至 1981 的 5.33%后，1981—2013 年，该比重保持在 5.52%左右，且波动较小，最大波动幅度不超过 0.3 个百分点，平均波幅为 0.12 个百分点。

6.3.1 OECD 国家税制结构的演进趋向

OECD 官网的“公共部门、税收和市场规制（Public Sector, Taxation and Market Regulation）”项，将税收收入分类为 6 大项：收入、利润和资本利得税（Tax on Income, Profits and Capital Gains of Individuals），社会保障税（Soccial Security Contributions），工资、薪金税（Tax on Payroll and Workforce），财产税（Tax on Property），商品劳务税（Tax on Goods and Services）以及其他税［Taxes other than……（Above）］。如表 6.3 所示，2000—2014 年，OECD 国家以上 6 项税收收入占税收总收入比重的变动中，除社会保障税总体呈上升趋势外，其他税收收入占税收总收入的比重变化不大。虽然期间受两次金融危机的影响，收入、利润、资本利得税相较于其他税波动较大，但从 2008 年金融危机爆发后，至今也没有回升到爆发前的水平，总体呈下行趋势。社会保障税是 OECD 国家的重要税种，2000—2013 年，社会保障税收入占税收总收入的平均比重为 25.45%。商品劳务税是 OECD 国家税收收入构成中的第二大组成部分，2000—2013 年，商品劳务税税收收入占税收总收入的平均比重为 32.90%，其总体变动不大。社会保障税总体呈不断上升的变动趋势，且其受经济波动的影响相对较小。2000—2013 年，社会保障税税收收入占税收总收入的比重提高了 1.6 个的百分点。财产税税收收入占税收总收入的平均比重为 5.51%，其总体变动趋势呈缓慢上升态势。

结合人口结构和经济增长可以看出，随着人口老龄化进程的加快，OECD 国家的实际 GDP 增长率表现为波动中下行的态势。社会保障税比重总体呈上升趋势，且社会保障税比重的变动与实际 GDP 增长率负相关，相关系数为-0.54。可见，随着人口老龄进程的加快，OECD 国家社会保障资金的积累速度明显快于实际 GDP 的增速。这造成社会总产出用于社会保障支出的部分相对增长，进而减缓了经济增长速度。收入、利润、资本利得税和商品劳务税比重的变动与实际 GDP 增长率正相关，其相关系数分别为 0.41 和 0.28。这表明经济增长、收入增加带动了收入、利润、资本利得税和商品劳动税的增长，但也表明收入、利润、资本利得税和商品劳务税比重的变动对经济增长速度的影响也相对较大。相对于收入、利润、资本利税比重的变动而言，商品劳务税比重变化与经济增长的相关系数较小。这表明相对于对收入、利润、资本利得征税，对商品劳务征税对增长的影响相对较小。

表 6.3 OECD 国家税制结构与老年抚养比和实际 GDP 增长率 (%)

年份	老年抚养比 [65+/(15~64)]	实际 GDP 增长率	收入、利润、资本利得税占比	社会保障税占比	工资劳动税占比	财产税占比	商品劳务税占比	其他税占比
2000	19.68	4.96	35.05	24.49	0.98	5.48	33.12	0.68
2001	19.89	2.21	34.64	25.16	1.01	5.43	32.84	0.75
2002	20.03	2.39	33.87	25.43	1.04	5.49	33.30	0.70
2003	20.23	2.37	33.49	25.56	1.06	5.56	33.61	0.57
2004	20.41	4.05	33.68	25.35	1.04	5.53	33.60	0.59
2005	20.67	3.48	34.47	24.94	1.03	5.57	33.17	0.57
2006	20.93	4.27	35.36	24.61	1.01	5.62	32.52	0.62
2007	21.19	4.09	35.97	24.49	1.00	5.59	32.09	0.59
2008	21.47	0.66	35.40	25.19	1.06	5.38	32.15	0.55
2009	21.80	-3.83	33.53	26.43	1.06	5.56	32.54	0.63
2010	22.05	2.58	33.24	26.38	1.00	5.50	33.09	0.54
2011	22.32	2.22	33.46	26.14	1.09	5.47	33.03	0.56
2012	22.97	0.48	33.63	26.09	1.12	5.47	32.90	0.56
2013	23.61	1.12	33.75	26.09	1.14	5.56	32.68	0.56

注：各项税收的比重为各税收收入占税收总收入的百分比。
数据来源：OECD 网数据统计，http：//stats.oecd.org/.

从收入、利润、资本利得税税收收入的构成来看，企业的收入、利润、资本利得税的税收收入所占的比重低于个人收入、利润、资本利得税的比重。2000—2013 年，个人收入、利润、资本利得税的税收收入占总税收收入的比重平均为 24.65%，而企业“收入、利润、资本利得税”的税收收入占总税收收入的比重平均为 9.19%，两者相差 15.46 个百分点。从两者的变动趋势来看，2000—2013 年，两者均呈下降趋势，其中，收入、利润、资本利得税对个人征收部分从 25.34%下降到 24.78%，下降了 0.56 个百分点，而对企业征收的部分，从 9.58%下降到 8.48%，下降了 1.1 个百分点，下降速度相对较快。从经营角度看，2000—2013 年，收入、利润税收中对个人征收的部分占税收总收入的比重平均为 24. 89%，而对企业征收的部分平均为 9. 24%，两者相差 15. 65 个百分点。从收入、利润税收中个人和企业承担部分占税收总收入的比重变动来看，2000—2013 年，个人收入、利润的税收收入占税收总收入的比重从 25. 59%下降到 24. 91%，下降了 0. 68 个百分点，而企业收入、利润的税收收入占税收总收入的比重从 9. 65%下降到 8. 43%，下降了 1. 22 个百分点，其相对于个人部分下降速度较快。“收入、利润、资本利得”项中的“资本利得”税收收入占税收总收入的比重相对于收入、利润税收收入占税收总收入的比重相对较小。2000—2013 年，个人资本利得税收收入占税收总收入的平均比重为 0. 36%，而企业资本利得税收收入占税收总收入的平均比重为 0. 17%。这表明，随着人口老龄化程度的加重，OECD 国家更倾向于降低企业税负。

表 6. 4　OECD 国家收入、利润、资本所得税构成与老年抚养比　（%）

年份	老年抚养［比 65+/（15-64）］	收入、利润、资本利得税占比	收入、利润、资本利得税占比（个人）	收入、利润、资本利得税占比（企业）	收入、利润占比（个人）	收入、利润占比（企业）	资本利得占比（个人）	资本利得占比（企业）
2000	19. 68	35. 05	25. 34	9. 58	25. 59	9. 65	0. 42	0. 14
2001	19. 89	34. 64	25. 84	8. 86	26. 26	8. 99	0. 29	0. 07
2002	20. 03	33. 87	25. 02	8. 80	25. 48	8. 92	0. 23	0. 05
2003	20. 23	33. 49	24. 59	8. 88	24. 96	9. 08	0. 28	0. 05
2004	20. 41	33. 68	24. 19	9. 28	24. 49	9. 36	0. 34	0. 19
2005	20. 67	34. 47	24. 06	9. 96	24. 27	10. 15	0. 41	0. 19
2006	20. 93	35. 36	24. 17	10. 51	24. 23	10. 57	0. 55	0. 28
2007	21. 19	35. 97	24. 68	10. 52	24. 65	10. 48	0. 61	0. 25
2008	21. 47	35. 40	24. 95	9. 90	25. 10	9. 80	0. 43	0. 22
2009	21. 80	33. 53	24. 82	8. 32	25. 04	8. 21	0. 33	0. 20
2010	22. 05	33. 24	24. 02	8. 49	24. 24	8. 55	0. 33	0. 16
2011	22. 32	33. 46	24. 15	8. 63	24. 41	8. 69	0. 27	0. 16
2012	22. 97	33. 63	24. 53	8. 48	24. 80	8. 53	0. 30	0. 19
2013	23. 61	33. 75	24. 78	8. 48	24. 91	8. 43	0. 30	0. 24

注：各项税收的比重为各税收收入占税收总收入的百分比。

数据来源：OECD 网数据统计，http：//stats. oecd. org/

OECD 国家的商品劳务税统计项构成有：产品、销售、转移等（由增值税、销售税、其他税构成），特殊商品和劳务税（由消费税、垄断税、海关和进口关税、出口关税、投资品税、特别服务税等构成），商品使用税（主要为对机动车征税）。商品劳务税中增值税收入占税收总收入的比重最大，2000—2013 年平均达 19.30%，消费税收入占税收总收入的比重仅次于增值税，2000—2013 年平均达 8.18%。从商品劳务税中各构成的变动趋势看，增值税总体呈上升趋势，从 2000 年的 19.00%上升到 2013 年的 19.49%，上升了 0.49 个百分点。消费税总体呈下降趋势，从 2000 年的 8.46%下降到 2013 年的 7.67%，下降了 0.79 个百分点。消费税的下降，一方面由于特别消费税及环保税对消费税的分流；另一方面由于金融危机后各国政府为增加政府财政收入纷纷提高了消费税税率，同时，消费税税率的提高在一定程度上减少了应税消费品的购买量，在一定程度上减少了消费。例如，欧盟国家上调卷烟消费税的最低税率，导致卷烟价格上涨，欧洲烟草市场持续萎缩，吸烟人数减少，整体吸烟率有所下降。海关和进口关税整体呈下降趋势，而特别服务税和循环税则整体呈上升趋势。

表 6.5　OECD 国家商品劳务税主要构成与老年抚养比　（%）

年份	老年抚养比 [65+/(15~64)]	商品劳务税占比	增值税占比	消费税占比	海关和进口关税占比	特别服务税占比	循环税占比
2000	19.68	33.12	19.00	8.462	1.11	1.05	1.54
2001	19.89	32.84	18.99	8.512	0.89	1.04	1.61
2002	20.03	33.30	19.37	8.789	0.83	0.98	1.58
2003	20.23	33.61	19.45	8.789	0.75	1.00	1.61
2004	20.41	33.60	19.55	8.68	0.58	1.00	1.60
2005	20.67	33.17	19.42	8.408	0.48	0.95	1.61
2006	20.93	32.52	19.19	7.951	0.52	1.03	1.57
2007	21.19	32.09	19.01	7.792	0.51	1.04	1.58
2008	21.47	32.15	18.97	7.56	0.52	1.02	1.60
2009	21.80	32.54	19.12	7.998	0.50	1.08	1.73
2010	22.05	33.09	19.57	8.157	0.51	1.08	1.69

续表

年份	老年抚养比［65+/(15~64)］	商品劳务税占比	增值税占比	消费税占比	海关和进口关税占比	特别服务税占比	循环税占比
2011	22.32	33.03	19.61	7.934	0.52	1.09	1.69
2012	22.97	32.90	19.47	7.861	0.49	1.18	1.73
2013	23.61	32.68	19.49	7.667	0.49	1.21	1.79

注：各项税收的比重为各税收收入占税收总收入的百分比。

数据来源：OECD 网数据统计，http：//stats. oecd. org/.

综上所述，从 OECD 国家税制结构的整体变动趋势来看，随着人口老龄化程度的加重，各项税收构成中，除社会保障税和财产税比重有一定程度的上升外，其他税税收收入的比重都有不同程度的下降，其中对企业征税的比重下调相对较大。此外，从 OECD 人口老龄化程度最高的两个国家——德国和日本的税制结构看：2000—2014 年，德国实际 GDP 平均增长率为 1.22%，收入、利润、资本利得税收收入占税收总收入的比重平均为 29.47%，社会保障税税收收入占税收总收入的比重平均为 38.85%，商品劳务税收入占税收总收入的比重平均为 28.85%，财产税收入占税收总收入的比重平均为 2.39%。2000—2013 年，日本实际 GDP 增长率为 0.92%，收入、利润、资本利得税税收收入占税收总收入的比重平均为 32.42%，社会保障税收入占税收总收入的比重平均为 38.64%，商品劳务税收入占税收总收入的比重平均为 18.91%，财产税收入占税收总收入的比重平均为 9.76%。在两国税收结构中，社会保障税比重相差不大，两者仅相差 0.21 个百分点。两国税收结构在收入、利润、资本利得税、商品劳务税、财产税上相差较大。2000—2014 年，两国在收入、利润、资本利得税收入占税收总收入的平均比重上相差 2.27 个百分点。两国在商品劳务税收入占税收总收入的平均比重上相差 9.16 个百分点。两国财产税税收收入占税收总收入的平均比重为 2.28%，日本为 9.76%，两者相差 7.48 个百分点。可见，在人口老龄化下对资本、劳动、财产课征的直接税比例的提高对经济增长的负面影响较大。从人口老龄化程度居中的英国和荷兰来看，2000—2014 年，英国实际 GDP 平均增长率高于荷兰 0.64 个百分点，而英国 的收入、利润、资本利得税税收收入占税收总收入的比重平均较荷兰低 2.89 个百分点。同样的结果也出现在人口老龄化程度相对较低的其他 OECD 国家。

表 6.6　德国的税制结构与实际 GDP 增长率　（%）

年份	实际 GDP 增长率	收入、利润、资本利得税占比	社会保障税占比	工资、劳动税占比	财产税占比	商品劳务税占比	其他税占比
2000	2.96	30.15	39.04	0.00	2.28	28.07	0.02
2001	1.70	28.79	39.76	0.00	2.29	28.73	0.02
2002	0.00	27.97	40.27	0.00	2.29	29.07	0.02
2003	−0.71	27.44	40.51	0.00	2.36	29.31	0.02
2004	1.17	27.34	40.59	0.00	2.47	29.19	0.01
2005	0.71	28.18	39.82	0.00	2.47	29.08	0.01
2006	3.70	30.35	38.32	0.00	2.46	28.39	0.01
2007	3.26	31.20	36.56	0.00	2.50	29.28	0.01
2008	1.08	31.84	36.43	0.00	2.35	28.92	0.01
2009	−5.62	28.89	38.59	0.00	2.29	29.79	0.01
2010	4.08	28.50	39.22	0.00	2.33	29.48	0.01
2011	3.66	29.45	38.56	0.00	2.37	29.14	0.01
2012	0.41	30.39	38.26	0.00	2.44	28.46	0.01
2013	0.30	31.00	38.10	0.00	2.52	27.96	0.01
2014	1.60	30.53	38.73	0.00	2.39	27.90	0.01
均值	2.96	30.15	39.04	0.00	2.28	28.07	0.02

注：各项税收的比重为各税收收入占税收总收入的百分比。

数据来源：OECD 网数据统计 http：//stats. oecd. org/

表 6.7　日本的税制结构与实际 GDP 增长率　（%）

年份	实际 GDP 增长率	收入、利润、资本利得税占比	社会保障税占比	工资、劳动税占比	财产税占比	商品劳务税占比	其他税占比
2000	2.26	34.82	35.16	0.00	10.50	19.27	0.26
2001	0.36	33.39	36.50	0.00	10.51	19.35	0.26
2002	0.29	30.59	38.24	0.00	10.79	20.12	0.27
2003	1.69	30.54	38.56	0.00	10.33	20.31	0.27

续表

年份	实际 GDP 增长率	收入、利润、资本利得税占比	社会保障税占比	工资、劳动税占比	财产税占比	商品劳务税占比	其他税占比
2004	2. 36	31. 99	37. 74	0. 00	9. 99	20. 02	0. 26
2005	1. 30	33. 81	36. 86	0. 00	9. 66	19. 42	0. 26
2006	1. 69	35. 40	36. 63	0. 00	9. 08	18. 64	0. 25
2007	2. 19	36. 36	36. 46	0. 00	8. 98	17. 95	0. 24
2008	-1. 04	33. 56	38. 84	0. 00	9. 39	17. 95	0. 26
2009	-5. 53	29. 54	40. 97	0. 00	10. 14	19. 07	0. 29
2010	4. 71	30. 22	41. 11	0. 00	9. 72	18. 67	0. 29
2011	-0. 45	30. 16	41. 51	0. 00	9. 66	18. 40	0. 27
2012	1. 74	31. 06	41. 60	0. 00	9. 11	17. 95	0. 28
2013	1. 36	32. 46	40. 86	0. 00	8. 84	17. 58	0. 26
均值	0. 92	32. 42	38. 64	0. 00	9. 76	18. 91	0. 27

注：各项税收的比重为各税收收入占税收总收入的百分比。

数据来源：OECD 网数据统计，http：//stats. oecd. org/.

结合本书前述对世界税制结构演进历史的分析和本小节对 21 世纪以来 OECD 国家税制结构变动的分析，可以看出，18 世纪中叶，由工业革命所带来的生产力水平的极大提高，是推动税制结构由农业社会的农业直接税向工业社会的商品间接税过渡的主要因素。而二战后，技术的进步、人口的快速增长和个人收入的不断增加，以及传统间接税的重复课征的缺陷，是推动“二战”后税制结构由间接税向直接税转变的主要动因。而人口老龄化程度的提高，以增值税为代表的现代商品税的完善，社会保障税比重的不断增加，使 21 世纪以来发达国家的税制结构演进表现为：资本、利润、资本利得税收入比重相对下降，而商品劳务税收入比重相对上升的重要因素。

6. 3. 2 我国税制结构的演进趋向

根据国家统计局的数据，本书将增值税、消费税、营业税和关税合并为“商品劳务税”项，将企业和个人所得税合并为“收入、利润、资本利得税”项，将基本养老、医疗、生育、工伤和失业保险收入合并为“社会保障收入”项，余者为“其他税”项。相比于OECD国家，我国实际GDP增长率远高于OECD国家的平均水平。纵使我国经济进入“新常态”以来，实际GDP增长率仍保持在7%以上的增长速度。2000—2013年，OECD国家实际GDP增长率最高为4.27%，我国最高达14.19%，高出OECD国家9.92个百分点。但我国老年抚养比相对OECD国家较小。2013年，我国老年抚养比为13.10%，OECD国家平均为23.61%，高出我国10.51个百分点。从我国商品劳务税与收入、利润、资本利得税的变动趋势来看，2000年以来，我国商品劳务税占比一直呈下降趋势，从2000年的52.47%下降到2014年的38.54%，下降了13.93个百分点，而收入、利润、资本利得税占比则总体呈上升趋势，从2000年的10.9了0%上升到2014年的20.43%，上升了9.53个百分点。2000—2014年，社会保障收入占比一直呈上升态势，从2000年的17.37%上升到2014的23.94%，上升了6.57个百分点。相对于OECD国家，2013年，我国商品劳务税税收收入占税收总收入（含社会保障收入，下同）的比重为39.59%，高于OECD国家平均水平6.88个百分点，收入、利润、资本利得税税收收入占税收总收入的比重为20.15%，低于OECD国家平均水平13.68个百分点，社会保障收入占税收总收入的比重为23.10%，低于OECD国家2.99个百分点。相对于OECD国家，我国收入、利润、资本利得税的比重相对较低，商品劳务税的比重相对较高，而社会保障收入的比重与OECD国家相差不大。形成这一状况的原因：一是在从低收入国家向中高收入国家迈进的过程中，由于人均产出水平较低，资本的边际收入相对较高，因而投资的增加对产出的增长作用更大，这也意味着所得税类的税基增长较快。根据OECD的统计数据，2014年，我国人均GDP为13170.80美元，而OECD国家的人均GDP平均为39219.05美元，是我国人均GDP的2.98倍。可见，相对于OECD国家，我国资本边际收益提高的空间仍然很大。二是随着经济的发展，我国居民收入水平提高，收入中用于消费的比例相对减少，这在一定程度上使消费所占的比例相对减少，因而消费税税基相对减小。三是由于我国改革开放之初社会保障体制的缺失，造成了我国在现代社会保障体制的建设中资金短缺现象严重，为保证我国社会保障体系的建立和可持续发展，不得不提高社会保障资金的积累率。这造成了相对于OECD 国家，虽然我国人均产出水平相对较低，但社会保障资金的积累率与 OECD 国家相差不大的现状。相对于社会经济发展水平，保障资金的积累率较高，在一定程度上也造成了我国税制结构中所得税类的比重占比相对低于商品劳务税的比重的现状。

表 6.8 我国的税制结构与实际 GDP 增长率及老年抚养比 （%）

年份	实际 GDP 增长率	老年抚养比	商品劳务税占比	收入、利润、资本利得税占比	其他税占比	社会保障收入占比
2000	8.43	9.90	52.74	10.90	18.99	17.37
2001	8.30	10.10	49.95	19.70	13.49	16.86
2002	9.09	10.40	47.87	19.81	13.66	18.66
2003	10.02	10.70	48.94	17.42	14.03	19.61
2004	10.08	10.70	50.58	19.02	11.11	19.30
2005	11.35	10.70	49.57	20.81	10.11	19.51
2006	12.69	11.00	48.20	21.85	10.06	19.89
2007	14.19	11.10	45.53	21.20	14.11	19.16
2008	9.62	11.30	44.11	21.93	13.79	20.17
2009	9.23	11.60	44.61	20.47	13.61	21.31
2010	10.63	11.90	43.84	19.21	16.49	20.45
2011	9.48	12.30	41.69	20.06	17.11	21.13
2012	7.75	12.70	40.78	19.67	17.23	22.32
2013	7.68	13.10	39.59	20.15	17.16	23.10
2014	7.27	13.70	38.54	20.43	17.08	23.94

数据来源：中华人民共和国国家统计局网站，http：//data. stats. gov. cn.

6.4 主要税种的演进趋向

6.4.1 增值税的演进趋向

美国耶鲁大学经济学教授亚当斯（T. S. Adams）在其所著的《经营课税》［*The Taxation of Business*，（1917）］一书中第一次提出了增值税的概念。1954 年，法国首个推行增值税①。基于增值税税收中性、税负由最终消费者承担、普遍征收等独特的优越性，增值税在世界范围内得到了广泛的推广。从商品价值构成角度看，社会总产出可以表示为 $C+V+M$。从税基上看，增值税课征于 $V+M$ 的部分，避免了传统流转税因重复课征而造成的资源配置扭曲。但增值税在成功地避免了传统流转重复课征现象的同时，也存在着与企业所得税、个人所得税的税基重叠的问题。虽然从增值税计税原理上讲，增值税由最终消费者承担，但在人口结构老化、社会消费能力相对下降的情况下，企业不得不承担一部分增值税税负，且由于增值税为价外税，不能在企业所得税前扣除，因而增值税的增加会在一定程度上降低企业利润。

从社会总产出的组成部分来看，C 为不变资本，V 为可变资本，M 为剩余价值或平均利润（$C+V$ 转化为成本后，剩余价值就表现为成本价格的超过额，即商品生产中耗费的资本价格的增加额）。C/V 为资本的有机构成。在科学技术不断进步的条件下，资本有机构成（或称资本技术构成）总体呈不断上升的态势。资本有机构成的提高，提高了劳动生产率，增加了社会总产出；提高了人民的生活和资本的积累速度。但基于增值税的特性，在单一税率的条件下，增值税对不同产业的影响不同。

按照对固定资产进项税额扣除方法的不同，增值税可分为生产型增值税、收入型增值税和消费型增值税。消费型增值税是指在购入固定资产

① 解学智，张志勇. 世界税制现状与趋势［M］. 北京：中国税务出版社，2014：146.

时，允许在当期一次性扣除所购固定资产进项税项的增值税计征类型。目前世界上多数国家采用消费型增值税。从资本有机构成角度看，消费型增值税有利于一国资本有机构成的提高。

假设同一商品的两个生产者 A 和 B，两者除资本有机构成不同外，两者面对相同的市场环境和税收制度，且两者的商品在质量、性能等其他相同。假设 A 的资本有机构成大于 B 的资本有机构成。设生产者 A 的税前单位商品的价格构成为 $Y_A = C_A + V_A + M_A$，生产者 B 的税前单位商品价格构成为 $Y_B = C_B + V_B + M_B$。由于两者面对相同的市场环境，Y_A 等于 Y_B。再假设对两者按同一税率 t 征收增值税，则生产者 A 的增值税税负为 $t(V_A + M_A)$，生产者 B 的增值税税负为 $t(V_B + M_B)$。则生产者 A 的税后单位商品的市场价格为 $[Y_A + t(V_A + M_A)]$，而生产者 B 的税后单位商品价格为 $[Y_B + t(V_B + M_B)]$，由于 Y_A 等于 Y_B 且 V_A 小于 V_B，生产者 A 的税后商品的价格构成要低于生产 B。由于两者面对相同的市场环境且商品同质，则市场上该商品的价格应以 $[Y_A + t(V_A + M_A)]$ 来出售（假定供给不受限制）。那么，生产者 B 若要完全销售其所生产的商品就要降低其价格，在其他条件不变的情况下，生产者 B 只能降低工人工资或利润。在人口老龄化进程加快的背景下，劳动力供给更具刚性，生产者一般不易降低工人工资，多数情况下只能降低其利润。可见，增值税在人口老龄化的背景下，更有利于资本有机构成的提高。

进入 21 世纪以来，以计算机和网络技术为代表的信息产业的兴起带来了资本有机构成的演进趋势的新变动。区别于传统产业，信息产业不像传统工业是以大量的机器设备和体力劳动为主要载体，而是以科技、智力投入为主要载体。信息产业中不变资本的投入相对较小，而可变资本的投入相对较大。因而相对于工业和制造业而言，增值税对 $V+M$ 部分征税的特质，在一定程度上不利于资本有机构成相对较低的信息产业的发展。

此外，世界人口的老龄化所引致的劳动力普遍成本上升，在一定程度上相对增加了增值税税负。劳动力通常是指达到一定法定工作年龄的人在经济活动付出的体力与智力的总和。世界各国对法定年龄的规定存在一定的差异。如我国以 16~60 周岁的男性和 16~55 周岁的女性为法定劳动年龄人口。日本以 15~65 周岁的男性和 15~60 周岁的女性为法定劳动年龄人口。国际上通常以 15~64 周岁的人口为法定劳动年龄人口。一般而言，一个国家或地区的人口结构趋于老龄化时，其劳动力供给会相对短缺。

根据 OECD 的统计数据，OECD 国家适龄工作人口占总人口的平均比重从 2007 年开始下降。2000 年，该比重从 66.37%上升到 2007 年 66.81%的峰值后开始下降。2007—2011 年，该比重分别为 66.81%、66.78%、66.73%、66.70%、66.58%，整体开始呈下降趋势。如表 6.9 所示，2000—2014 年，OECD 国家单位劳动成本与平均工资增长率的关系，虽然期间受两次金融危机的影响两者都呈现出波动状态，但可以看出劳动成本的上升是拉动平均工资增长的主导因素。此外，对比表 6.7 中的“单位劳动成本增长率”项与“固定资产形成增长率”项可以看出，当单位劳动成本增长率上升后，固定资本形成增长率下降。如 2000 年、2001 年单位劳动成本增长率分别为 1.80%和 1.98%（高于平均值 1.42%），2001 年、2002 年固定资产形成增长率分别为-0.59%和-0.63%。另外，对比表 6.9 中的“固定资产形成增长率”项与“实际 GDP 增长率”项可以看出，固定资产形成增长率与实际 GDP 增长率正相关。这也进一步说明，短期内人口老龄化带来的劳动力供给成本上升是降低资本有机构成的一项重要影响因素。在资本有机构成缓慢下降的条件下，增值税税负会呈上升趋势，但增值税税负过高不利于现代以信息、高新技术等为载体的高附加值产业的发展。因而增值税对以规模收益递增型的传统制造业能起到有利的促进作用，而对新兴产业却起着阻碍作用。综上可见，受产业发展规律和劳动成本上升的影响，增值税进一步增长的空间有限。根据 OECD 的统计数据，OECD 国家增值税收入占税收总收入的比重，从 1965 年的 2.2%上升到 2000 年的 19.0%后，一直稳定在 19%以内，其最大波动不超过 0.6 个百分点。

表 6.9 OECD 国家平均工资、实际 GDP、固定资产、人均 GDP、单位劳动成本及抚养比增长率

(%)

年份	平均工资增长率	实际 GDP 增长率	固定资产形成增长率	人均 GDP 增长率	单位劳动成本增长率	65+抚养比增长率
2000	—	4.10	5.12	—	1.80	
2001	0.96	1.40	-0.59	3.31	1.98	1.15
2002	0.71	1.72	-0.63	2.76	0.89	0.86
2003	0.98	2.11	2.77	2.99	1.49	1.06
2004	1.43	3.31	4.54	5.57	0.75	1.04
2005	0.65	2.79	4.61	5.41	1.50	1.34
2006	1.18	3.15	4.14	6.99	1.59	1.31
2007	1.41	2.68	2.65	1.73	1.64	1.24
2008	0.06	0.26	-2.19	1.86	2.93	1.29
2009	0.87	-3.46	-10.91	-2.59	2.23	1.39
2010	0.54	3.02	2.00	3.74	-0.71	1.14
2011	0.40	1.95	3.56	3.76	1.38	1.15
2012	0.28	1.25	1.83	2.78	—	2.53
2013	0.34	1.19	0.74	2.65	—	2.43
2014	0.32	1.84	2.59	—	—	2.33
均值	0.72	1.66	1.08	3.15	1.42	1.45

数据来源：OECD 网数据统计，http：//stats. oecd. org/.

我国增值税收入占税收总收入的比重一直呈下降趋势，2000—2013年，我国增值税的比重从 2000 年的 29.90%下降到 2014 年的 19.69%，下降了 10.21 个百分点。这一方面与我国资本有机构成的提高相关；另一方面与我国增值税转型以及经济快速增长条件下企业所得税增长较快有关。2009 年，我国从生产型增值税过渡为消费型增值税，这使得增值税一般纳税人所购的固定资本的进项额，可以在购入当期一次抵扣，大大减轻了增值税一般纳税人的税负，从而也从整体上降低了我国的增值税税负。2012年，我国正式拉开了“营改增”的序幕，此后“营改增”的范围不断扩大，这在很大程度上减轻了增值税和营业税并存造成的重复计征现象，又一次大大降低了增值税的整体税负。相较于 OECD 国家，2014 年我国增值税税收收入占税收总收入的比重为 19.69%。2013 年 OECD 国家增值值税税收收入占税收总收入的比重为 19.49%，低于我国 0.2 个百分点。可见，我国增值税收入占税收总收入的比重与 OECD 国家相差不大。随着我国“营改增”进程的进一步加快，且在我国进一步减轻增值税整体税负的设计思想下，我国增值税收入占税收总收入的比重将有可能进一步下降，但结合 OECD 国家近 60 年来增值税变动的趋势来看，我国增值税的比重下降的空间不大。

表 6.10　我国的税制结构（含社会保障收入） （%）

年份	增值税占比	营业税占比	消费税占比	关税占比	个人所得税占比	企业所得税占比	其他税占比	社会保障收入占比
2000	29.90	12.27	5.64	4.93	4.33	6.57	18.99	17.37
2001	29.11	11.22	5.05	4.57	5.41	14.30	13.49	16.86
2002	28.49	11.30	4.83	3.25	5.59	14.22	13.66	18.66
2003	29.06	11.42	4.75	3.71	5.69	11.72	14.03	19.61
2004	30.11	11.96	5.02	3.49	5.80	13.21	11.11	19.30
2005	30.18	11.84	4.57	2.98	5.86	14.95	10.11	19.51
2006	29.43	11.80	4.34	2.63	5.65	16.20	10.06	19.89
2007	27.41	11.66	3.91	2.54	5.64	15.56	14.11	19.16
2008	26.50	11.23	3.78	2.61	5.48	16.45	13.79	20.17
2009	24.43	11.92	6.29	1.96	5.22	15.25	13.61	21.31
2010	22.92	12.12	6.60	2.20	5.26	13.96	16.49	20.45
2011	21.33	12.02	6.10	2.25	5.32	14.74	17.11	21.13
2012	20.39	12.16	6.08	2.15	4.49	15.17	17.23	22.32
2013	20.04	11.99	5.73	1.83	4.54	15.60	17.16	23.10
2014	19.69	11.35	5.68	1.81	4.71	15.73	17.08	23.94

数据来源：中华人民共和国国家统计局网站，http：//data.stats.gov.cn.

6.4.2 所得税的演进趋向

（1）企业所得税是对社会产出中 M 的部分征税。在资本有机构成不断提高的一般规律下，利润一般呈下降趋势。企业为阻止利润的下滑，展开了技术研发的竞争，以通过提高生产技术、劳动力效率及产品的差异化等来提高产品的竞争力，以获取超额利润。如上所述，研究证明人口老龄化的主导素因是生育率的下降。一个社会的生育率下降会引致该社会人口规模的缩小。人口规模的缩小将减少总需求，加之老年人口收入相对较低而导致的有效需求不足，人口老龄化会减弱一个社会的总需求。在有效需求增速相对减缓的条件下，企业只有通过技术进步才能阻止利润率下降。企业的技术研发、生产设备的更新，都需要大量的社会积累资金。根据前述储蓄的生命周期理论，老龄化社会的积累资金相对偏少，而企业所得税课征于 M 部分会进一步减少企业的资金积累。制度经济学认为企业是经济社会中最为活跃的主体，也是推动制度变迁的最重要的团体力量，所以在人口老龄化的影响下，企业要求降低企业所得税税负的影响力也最大。因此，从长期看，在人口老龄化进程加快的背景下，企业所得税税负有趋于下降趋势。

根据 OECD 的统计数据，OECD 国家（部分由于数据缺失而未进入统计）65 岁及以上人口抚养比的均值为 26.04%，企业利润税（Tax on Profits of Corporates）占税收总收入的平均比值为 8.43%。以 65 岁及以上人口的抚养比的均值，将 OECD 成员国划分为两部分，如表 6.11 所示，除日本、瑞士外，凡老年抚养比超过平均值的国家，其企业利润税占税收总收入的比重均低于 OECD 国家的平均水平。这在一定程度上说明，在人口老龄化的背景下，OECD 国家在税制结构调整中普遍存在降低企业利润税的倾向。此外，结合增值税课征于社会产出中工资和利润部分，即两者在对利润的课税上存在重叠，两者在一定程度上存在此消彼长的关系。对比表 6.3 和表 6.5 也可以看出，OECD 国家税制结构变动中表现出，当以增值税收入占税收总收入的比重上升时，企业所得税收入占税收总收入的比重就会下降。

表 6.11　OECD 国家 65 岁及以上人口抚养与企业利润税占总税收收入比重（%）

国家	抚养比	企业利润税	国家	抚养比	企业利润税	国家	抚养比	企业利润税
澳大利亚	22.76	17.96	希腊	32.08	3.87	挪威	25.58	21.66
奥地利	28.62	5.08	冰岛	20.96	5.99	斯洛文尼亚	25.88	3.26
比利时	28.76	6.92	爱尔兰	19.08	8.42	西班牙	27.36	6.04
加拿大	23.00	9.70	以色列	18.66	10.58	瑞典	31.97	6.16
捷克	24.78	10.06	意大利	32.83	7.19	瑞士	27.37	10.53
丹麦	29.07	5.59	日本	39.53	13.24	土耳其	12.40	6.32
爱沙尼亚	28.33	1.04	韩国	17.20	13.96	英国	26.94	7.33
芬兰	29.93	5.41	卢森堡	21.86	12.43	美国	22.06	7.56
法国	29.28	5.66	荷兰	26.21	5.21	均值	26.04	8.43
德国	34.12	4.91	新西兰	22.50	14.08			

注：由于部分数据缺失，抚养比采用 2011 年的数据，企业利润税占比采用 2013 年的数据，并剔除部分数据缺失国家。

数据来源：OECD 网数据统计，http：//stats.oecd.org/.

我国企业所得税收入占税收总收入的比重整体呈上升趋势。2001—2014 年，我国企业所得税收入占税收总收入比重从 14.30% 上升到 15.73%，上升了 1.43 个百分点。2008 年后，受世界金融危机的影响，我国企业所得税收入占税收总收入的比重下降较快。2008—2010 年，我国企业所得税收入占税收总收入的比重分别为 16.45%、15.25%、13.96%。2011 年后，该比重开始缓慢回升，但到 2014 年仍未回升到 2008 年的水平。随着今后我国经济发展进入新常态，企业所得税收入占税收总收入比重的上升幅度有限。

（2）个人所得税。个人所得税中的工资、薪金项课征于社会总产出中 *V* 的部分，其相当于劳动者的工资。随着科技的进步和劳动生产率的提高，劳动者的工资收入也随之增长。不断增长的劳动者工资为个人所得税税基的扩大提供了可靠的物质基础，因而从世界税制演进的趋势看，个人所得税收入总体呈不断上升的趋势。但结合增值税和社会保障税考虑，个人所得税中的工资薪金、社会保障税和增值税都课征于 V（工资），特别是人口老龄化带来的社会保障税税负的快速提升，个人所得税中工资、薪金项的税收收入进一步的增长空间有限。由表 6.4 可见，2000—2013 年，OECD 国家个人所得税收入占税收总收入的比重一直呈下降趋势。2008 年金融危机后虽然有回升态势，但回升幅度不大。我国社会保障费率较高，在一定程度上削弱了所得税的税基。我国养老保险缴费率呈逐步上升趋势，1951 年实施的《中华人民共和国劳动保险条例》规定：劳动保险费用全部由企业负担，企业按每年 3%的缴费率提取资金组成劳动保险费（其中含养老保险），1986 年国务院颁布了《关于建立统一的企业职工基本养老保险制度的决定》，规定“按本人缴费工资 11%的数额为职工建立基本养老保险个人账户，个人缴费从工资的 4%开始，从 1998 年起每两年提高 1%，最终达到本人缴费工资的 8%”。目前，我国养老保险缴费构成为：国家法律规定企业缴费比例是 20%，个人是 8%，合计起来高达 28%，而世界平均水平是 10%，甚至远远超过了 20%的国际警戒线。具体到我国企业承担的养老缴费比例在世界上也是极高的，美国企业承担的养老保险企业缴费率只有 6.2%，日本、德国、英国分别为 8.25%、9.3%、10.2%，就连国际上公认的高福利国家——瑞典，也只有 9.25%。可见，现行养老保险缴费比不但提高了直接税系所占比重，而且导致直接税系中企业所得税负相对较重。

相较于 OECD 国家，我国个人所得税收入占税收总收入的比重相对较小。2000—2014 年，我国个人所得税收入占税收总收入的比重平均为 5.27%，低于 OECD 国家平均水平 19.83 个百分点。这一方面与我国人均收入水平较低有关，另一方面可能是与我国个人所得税征管水平相对较低有关。

可见，相对于 OECD 的发达国家，我国现行养老保险缴费比相对较高，是造成我国社会保障收入的比重占税收总收入的比重与 OECD 国的水平相差不大的主要原因，在一定程度上也是造成我国所得税类税收收入占税收总收入比重相对较低的一个重要原因。

6.5 资本、劳动、消费有效税率的变动趋向

对于 OECD 国家近期资本、劳动、消费有效税率变动研究的文献相对较少。David Carey（2000）结合个人经营中资本投入与个人劳动结合很紧密的特点，通过对 OECD 国家 1980—1985 年、1986—1990 年、1991—1997 年的资本、劳动、消费有效税率的变动趋势研究发现，资本有效税率在以上 3 个期间呈“倒 U”型变动，以上 3 个期间的资本有效税率分别为 20.4%、22.1%、22.0%；劳动有效税率的变动整体呈上升趋势，以上 3 个期间劳动有效税率分别为 33.1%、35.4%、36.8%；消费有效税率的整体变动呈上升趋势，以上 3 个期间消费有效税率分别为 14.4%、16.1%、16.5%。这在一定程度上表明，随着人口老龄化进程的加快，劳动力供给的相对和绝对减少以及储蓄率的下降，引致了劳动力价格的上涨和资本存量增速的减缓，因而为保障经济的增长，一国在生产中更倾向于用来提高生产的技术构成，即用资本来替代劳动。基于此，一国更倾向于降低资本有效税率，提高劳动和消费的有效税率。

李凯、张生勃（2012）测算了我国 2003—2010 年的资本、劳动、消费有效税率，结果显示，消费有效税率介于 13.7% ~18.6%之间，整体呈持续上升趋势；资本有效税率介于 16.8% ~23.2% 之间，整体波动较大，但 2009 年后下降趋势明显；劳动有效税率介于 8.8% ~13.5% 之间，整体呈“倒 U”型变动。

总体上，我国劳动有效税率低于 OECD 国家，且相差较大。我国资本有效税率与 OECD 国家相差不大。我国消费有效税率整体低于 OECD 国家，但相差不大。

6.6 小 结

索洛（Solow，1956）和斯旺（Swan，1956）解决了哈罗德—多马模型“刀刃上行走”的问题，建立了新古典经济增长理论。索洛模型假定投入的要素——资本和劳动力之间具有可替代性，两者在生产规模报酬不变的新古典生产函数约束下生产同质产品。新古典生产函数假设每种投入的要素边际生产力递减，且由于索洛模型假定技术水平不变。因此，在不存在人口增长与技术进步的条件下，当国民收入的增长不及资本存量的增长速度时，这就意味着储蓄的增长将不会比折旧增长得快。最终，折旧将会等于储蓄，这将使资本存量停止增加。这意味着增加资本投入会促进经济的增长，但当投资继续增长时，由于要素边际生力递减的约束，经济增长会趋于停滞。因而经济的增长最终是由科学技术的进步推动的。但从人类科学技术发展的历史来看，科学技术的重大进步是在科技积累到一定程度的基础上才有质的飞跃。因而在技术没有创新性革命期间，增加投资是推动经济增长的主要因素。基于索洛模型的构造，在短期内增税会降低储蓄率，而储蓄率的降低会加速经济增长的收敛速度。本书在索洛模型的基础上引入人口结构和税收变量，结果表明，当人口结构趋于老龄化时，退出生产的老年人口所让渡出的资产如果能被经济体充分利用，则对单位人均有效资本积累起到正向作用，而上述正向作用的大小受税率高低的影响。

在索洛模型中，储蓄率是独立于经济增长的外生变量，这使得该理论在应用上受到了限制，也不利于在该模型基础上进行税制结构的分析。相对于索洛模型，拉姆齐模型中的储蓄率不再是外生变量，而由代表性个体在其最大化效用的基础上选择消费和储蓄比例，因而其利于分析税收政策对不同要素征税的效应。但拉姆齐模型假定人的生存时间无限，这与实际情况不符。因而本书引入有限生存期间和退休时间以扩展原模型的不足。结果表明，代表性个体生存时间的延长有利于储蓄的增加，而退休时间的延长则不利于储蓄的增加，因而如果对资本征税的税率不变的情况下，延长退休时间会进一步降低资本的收益率。由于假设退休个体不再参与劳动，延长退休时间增加了劳动供给，进而相对减少了退休后对工作时期养老储蓄的消耗，因而对劳动征税会减弱延迟退休对经济增长的正向作用。鉴于拉姆齐模型的框架假定个体同质，不能很好地反映年龄结构变动对经济的影响，本书进一步通过划分为不同生命期的 OLG 模型展开了进一步的分析。分析表明，在假定人均税负不变的条件下，相较于对资本、劳动和消费征税而言，其对经济增长的负向影响大小可表示为：对的资本征税>对劳动征税>对消费征税。

近期一些学者的研究也证明了本书模型推导结论。严成樑、龚六堂（2012）通过建立资本积累与创新互动的连续时间的内生增长模型，并通过对模型结果的参数进行模拟分析得出：如果取消资本所得税，用消费税、劳动收入税等来代替取消资本所得税的税收收入减少部分，将会使经济增长率高于基期 5. 54 个百分点。而用其他税来代替劳动收入税则会使经济增长率高于基期 0. 11 个百分点。从税收造成的社会福利损失看，提升资本所得税对社会福利造成的损失最大，将资本所得税税率提高 14 个百分点，社会消费将减少 34. 95 个百分点。提高劳动收入税对社会福利造成的损失次之，即提高劳动收入税税率 10 个百分点，社会消费将减少 10. 17 个百分点。提高消费税税率 8 个百分点，社会消费将减少 6. 68 个百分点①。李尘奇（2015）利用刘溶沧对我国资本、劳动、消费的有效税率的估计结果，在计量模型中引入少儿抚养比和老年抚养比来研究人口结构与税收结构变动对经济增长的影响。其回归结果表明，少儿抚养比的提高有利于经济增长，而老年抚养比的提高与经济增长负相关。从税制结构来看，资本收入的有效税率与经济增长负相关，而消费支出和劳动收入的有效税率与经济增长正相关，且劳动收入有效税率提高对经济增长的促进作用比消费支出有效税率提高的作用更大。

从经验数据来看，一国人口老龄化进程的加快，增加了该国的社会保

① 严成樑，垄六堂. 税收政策对经济增长影响的定量评价［J］. 世界经济，2012（4）：51.

障压力。为满足日益增长的社会保障需求，社会保障税税收收入占税收总收入比重不断增加，而不断增加的社会保障税是推动老龄化社会宏观税负水平不断提高的最直接动力。由于我国社会保障体系建立时间晚，我国的社会保障体制尚在不断完善中。为应对我国人口快速老龄化而带来社会保障资金不足的问题，我国不得不加快社会保障资金的积累速度。从上述分析可以看出，虽然我国人均 GDP 仅为 OECD 国家人均 GDP 平均水平的 1/3,但我国社会保障收入占税收总收入的比重与 OECD 国家相差不大。可见，相对于 OECD 国家，我国人口的快速老龄化对我国宏观税负水平提高的推动作用更大。

从税制结构变动趋势看，人口老龄化进程的加快，带来社会保障税（费）收入占税收总收入比占的不断增加。社会保障税费由企业和个人负担，这在一定程度上侵占了所得税类的税基，因而造成了所得税类税收收入占税收总收入的比重相对下降的趋势。而相较于社会保障税费的刚性增长趋势，所得税与商品劳务税的变动呈现出此消彼长的态势。有趣的现象是，通过比较 OECD 国家同等收入水平、同等老龄化水平、同等社会保障税比重水平后，本书发现，如果一国以增值税为主的商品劳务税比重越高，实际 GDP 增值率相对越高，而所得税比重越高，则实际 GDP 增长率相对越低。

从主要税种的变动趋势来看，随着人口老龄化进程加快，各国企业所得税的比重整体呈下降趋势，而个人所得税的比重整体呈波动中小幅下降的趋势。商品劳务税比重整体呈波动中小幅上升的趋势。商品劳务税构成中，增值税比重基本没有发生变动，但消费税、环境保护税类等相对上升较快。

从我国的税制结构变动来看，在一定程度上由人口老龄化进程加快而推动的社会保障收入增加是我国宏观税负增加的一个重要因素。我国经济发展水平相对较低、人均 GDP 相对较小造成了我国个人所得税比重相对较低和我国以增值税为主、商品劳务税比重相对较高的现状。

7 人口老龄化背景下我国税制改革的建议

7.1 税制改革导向

税制改革导向应以效率优先，兼顾公平。效率和公平从来都是一国税制选择的两难问题。Devereux(1995) 研究了扭曲税收和非扭曲税收对经济增长的影响，认为所得税类为扭曲性税收，对经济增长有负作用。马栓友(2001) 认为，相对税负而言，税制结构对经济增长的影响较大，直接税的提高影响经济增长。严成樑、龚六堂（2009）认为，流转税税率同经济增长率正相关，个人所得税税率和企业所得税税率与经济增长率负相关。根据上一章的分析也可以看出，对比人口老龄化、经济发展水平相当的 OECD 国家，一国税制结构中商品劳务税比重相对越大，实际 GDP 的增值率也相对越高。可见，以现代增值税为主体，辅之以消费、环境保护税的商品劳务税有利于经济效率的提高。一方面，增值税“中性税”的特质减轻了对资源配置的扭曲，从而有利于提高经济运行的效率；另一方面，辅之以消费、环境保护税可以在一定程度上实现对个人消费支出的累进征税。从而在一定程度上既引导了消费方向，又通过对消费支出的累进征税相对提高了储蓄倾向，从而有利于增加社会储蓄和投资。但同时也应当指出，商品劳务税整体上的“累退性”，又不利于社会收入分配的公平性。

如前所述，相对于世界其他国家，我国人口老龄化的进程与经济增长不相协调，且从我国人口老龄化进程中所表现的特征来看，我国人口老龄化的未来发展趋势会进一步加重对我国经济增长的负面影响。因此，为应对我国人口快速老龄化可能给经济增长带来的不利影响，今后税制改革趋向应以效率优先、兼顾公平为原则，其路径为：为充分利用我国 2015—2035 年的人口红利窗口期，继续保持投资、出口的中高速增长。为此，本书提出：适当降低企业所得税税率，以保证企业有充足的资金积累来满足经济转型升级的需要；加快个人所得税从分类征收向综合征收过渡，合理确定扣除项目；下调增值税低税率，保障老年人口的基本生活需求；提高消费税税率，扩大消费税征税范围，引导消费方向；缓速提高资源税税率，促进资源综合利用率的提高；设立环境税等新税种以弥补养老保障资金的不足。

7.2 个人所得税改革建议

7.2.1 分类征收制向综合征收制过渡并细化扣除项目

分类征收和综合征收是个人所得税制度的核心。从以 OECD 国家为代表的经济发达国家来看，其成员国中除部分东欧国家外，多数实现了综合征收。而且，近年来，以拉美国家为代表的发展中国家的个人所得税制度也开始逐步向综合制过渡。一般而言，实行综合征收制度可以更好地发挥个人所得税的收入调节机制，而且综合项目越多、范围越广，其调节作用越大。但从 OECD 国家现状看，其个人所得税制没有绝对的综合，而是相对综合。

根据 OECD 国家个人所得税综合和分类程度，OECD 国家个人所得税制度可分为综合所得税制度、二元所得税制度、半二元所得税制度、单一税制度。综合所得税制度是对各种来源的所得中已实现的净收入，按照统一的累进税率表进行征税。二元所得税制是指一方面按累进税率对劳动所得征税；另一方面则按较低的比例税率，对公司和个人的净资本利得征税。也就是说，一般而言，对劳动所得的征税要重于对资本利得的征税。

实行二元所得税制既能减轻对公司和个人的资本利得课税方面的扭曲，减少资本逃逸，也能保证所得税的再分配功能。它能够实现横向公平，但它在一定程度上不利于纵向公平。因为资本利得主要集中在高收入阶层，对资本利得征低税，实际上具有累退性。半二元所得税制是对不同类型的所得实行不同的名义税率，其特点是对某些类型的资本利得按较低的比例税率征税，而对其他类型的所得则按较高的累进税率征税。在半综合所得税制度下，绝大部分资本利得按较高的累进税率征税，而劳动所得也按同样的方法征税。单一税制度是指按照同一种比例税率，对资本利得、劳动所得和其他所得征税。实际上，由于单一税制度对所有所得一视同仁，不存在所得类型的转移问题，从某种意义上说，是最综合的个人所得税制度，但因其实行的是比例税率，调节个人收入分配的功能相对较弱。

目前，我国个人所得税采取“分类分项”征收制，其对工资薪金所得、个体工商户经营所得、劳务报酬所得等11类所得采取分类计征。分类征收制的优点在于，易于管理，征管成本相对较低。但这也带来了可抵扣项目相对简单、不能兼顾不同纳税人的具体情况，容易造成同等条件下的税负不公平。且相对于综合征收制而言，分类征收制不便于以家庭为单位进行申报缴纳。

如前所述，人口学家认为，人口老龄化形成的主要原因是人口生育率的下降。对于生育率的选择，加里·斯坦利·贝克尔（Gary Stanley Becker，1930—2014）在其论文《生育率的经济分析》（1960）中指出：当家庭经济处于嗜好不变的情况下，人们要在有限的收入范围内满足多种消费欲望，其行为是以获得家庭经济最大总效用为原则。家庭内部对生育率选择的决定因素是父母对孩子的量与质的选择。随着收入水平的提高，人们也愿意拥有更多的孩子，但当小孩的数量达到一定点后，对孩子的质量考虑在选择上占优。随着人口老龄化进程的加快、人口抚养比的提高、工作人口负担的加重，父母更倾向于提高小孩的质量，而不是数量。从我国逐步放开“二胎”政策以来多家网站对“二胎”生育意愿的调查结果看，多数被调查者不愿生育，而主要原因为经济压力大、小孩教育成本高和工作压力大。从我国个人所得税的生计抵扣项看，我国没有对子女养育支出的扣除。从其他国家来看，美国规定 19 岁以下的小孩和 21 岁以下的全职学生可以扣除 3950 美元。加拿大规定 7 岁以下的每个儿童可以获得 7000 加拿大元的扣除。

此外，由于我国城乡养老保障体制差距较大，在分类计征模式下容易形成，同等收入条件下的纳税人，因在赡养老人支出上的不同而造成实际税负不公平，即相对于一个父母享有城镇养老保险金的纳税人与一个父母在农村没有社会养老保险金或较少社会养老保险金的纳税人而言，虽然在同等收入下交相同的税，但父母在农村的纳税人需要支付更多赡养费，这会造成两者实际税负的不同。而在综合计征模式下，以家庭为单位，可以通过综合考虑税纳人的实际负担，如考虑赡养老年人负担的不同、子女负担的不同，分别设置相应的扣除项来减少实际税负的不公平。

从分类向综合的过渡，需要大量的制度转轨成本。结合其他国家的经验，我国可以采用二元所得税制，即将我国个人所得税中的“工资、薪金所得”“个体工商户的生产、经营所得”“对企事业单位的承包经营所得”“劳务报酬所得”“稿酬所得”具有劳动性质，或资本与个体劳动相结合性质的所得合并征收。对我国个人所得税中的“特许权使用费所得”“利息、股息、红利所得”“财产租赁所得”“财产转让所得”“偶然所得”“其他所得”合并征收。

7.2.2 降低边际税率

与我国同样面临人口快速老龄化问题的韩国，在 2008 年税制改革中，对劳动所得实行 8%~35%的 4 级累进税率，而对股息和利息所得实行 14%的比例税率。此外，韩国政府提出了今后将进一步降低个人所得税税率，提高个人所得税的免征额的计划，以期达到提高劳动生产率和协调个人所得税与公司所得税关系的目的。

目前，我国个人所得税对“工资、薪金所得”采取 7 级累进税率，最低税率为 3%，最高税率为 45%，对“个体工商户的生产、经营所得”和

“企事业单位的承包经营、承租经营所得”采取5级累进税率，最低税率为5%，最高税率为35%。相比韩国，我国个人所得税的累进级多，边际税率高，扣除项目少，这不利于提高劳动者的工作积极性。此外，由于我国养老和医疗保障制度还不完善，尤其是对非固定就业人口与农村人口的社会保障覆盖面较窄，加之人口年龄中位数的不断提高和预期寿命的延长，居民收入用于预防性储蓄的需求较强。因此，我国跨期消费的折现系数相对较高，即相较于提高现在的消费水平，人们更倾向于储蓄，以提升未来的抗风险能力。而个人所得税边际税率过高，直接减少了家庭可支配收入中用于预防性储蓄的数额和投资的数额；而且源于东方传统的代际关系，相较于提高父辈当前的消费水平，父辈人更愿意能在未来给子女积累更多的财产。这意味着个人所得税的累进级越多、边际税率越高，越不利于鼓励个体增加劳动供给以提高收入的行为。

因此，本书建议在个人所得税由分类制向二元制改革中适当降低边际税率，以拓宽个人所得税的税基；适当减少累进级，以提高劳动者的工作积极性；适当扩大中间累进级的级距，以提高中等收入群体人群的储蓄能力；合理设置扣除项目，尽可能多地考虑不同个体的具体情况。

7.2.3 勤劳所得抵免和鼓励退休人员再就业

借鉴国外勤劳所得抵免，保障低收入家庭。勤劳所得抵免政策最早于1975年在美国开始推行。该政策类似于负所得税，其对中低收入家庭或有孩子的个人或家庭提供一种可以返还的税收抵免。如2013年，有孩子的工作家庭年收入在37870~51567美元的有资格申请勤劳税收抵扣。2008年，韩国对资产总额低于1亿韩元，且没有住房，或者有两个或以上孩子的工薪收入者，给予数额为总收入10%，且总额不超过800万韩元的勤劳抵免。

姜向群、杜鹏（2013）对我国老年人口健康状况的调研结果显示，我国60~64岁老年人口中60.8%的人认为自己的身体状况基本健康，65~69岁老年人口中48.4%的人认为自己身体健康。这在一定程度上意味着我国老年人口中有近一半的人口有再就业的身体条件。因此，给予鼓励老年人再就业的税收优惠政策，在一定程度上可增加老年人的再就业意愿，从而增加整个社会的劳动力供给。从用人单位的角度，可以给用人单位以加计扣除的税收优惠政策，如可以对用人单位雇用退休再就业老年人的工资支出加计5%扣除。从老年人的角度，可以鼓励身体健康的退休老年人再就业，对退休再就业的老年人的劳动收入免税。

对参与以房养老的老年人取得的剩余财产收入给予一定的减免。鼓励个人购买商业养老保险，对个人买商业养老保险的支出准予税前扣除，待其领取时再征税，即对个人购买商业养老保险的部分给予延迟纳税的税收优惠政策。

7.3 商品劳务税改革建议

7.3.1 增值税改革

（1）适当降低增值税税率。增值税具有税收中性、税负公平、促进经济效率、减少重复课税等优点。如前所述，增值税仅对增值额征税，即对商品价值构成中 $V+M$ 的部分征税。这意味着企业资本有机构成越高，商品价值构成中 $V+M$ 部分的相对占比越低，增值税税负相对也越小。这有利于促进我国从劳动密集型产业向资本密集型产业的过渡，也有助于减缓人口老龄化下因劳动力成本上涨而导致的我国制造业竞争力下降的问题。因资本密集型企业的产出中不变资本的占比较高，可变资本的占比相对较小，而增值税仅对 $V+M$ 部分征税，这意味着相对于劳动密集型产业，资本密集产业的增值税税负相对较小，这将促进企业对固定的资产的更新换代、提高生产效率、加快技术进步，从而激发整个产业结构升级调整的动力。

（2）简化税率，降低生活必需品的增值税税率。从 OECD 成员国增值税税率的设置来看，税率档次平均为 3 档。我国目前增值税的税率及征收率共有 6 档。而从增值税的设置原理上讲，增值税的征税范围越广，税率越单一，增值税的“中性”特征才能更好地发挥，正如前文所述。但采用单一税率时，增值税对资本相对密集的工业、制造业有积极的促进作用，而对以劳动和高技术人才为主的服务、研发、设计等行业却有消极的影响。因此，增值税今后在税率的设置上，可以适当提高基本税率，合理简化原“营转增”税目的税率，并对生活必需品实行零税率。

从世界各国在增值税的税率设置上看，为保障人民基本生活需要，多数国家对诸如食品、水等生活必需品实行零税率或低税率，同时也对优值品（Merit Goods）和具有正外部性的物品如教育、医疗、文化、节能等实行零税率或低税率。2014 年，OECD 成员国对低税率的设置多数介于 6%~9%之间，拉美国家对低税率的设置多数介于 8%~10%之间[①]。我国现行增值税在税率设置上，对粮食、自来水、煤气等与人民生活直接相关的生活资料适用 13%的低税率，相较于上述国家对生活必需品所适用的增值税零税率，或者 6%~10%的低税率，我国 13%的低税率设置相对较高，应适当下调。下调低税率既可以减轻年轻人口的生活负担，也为我国劳动密集型产业升级提供了缓冲。姜向群、杜鹏（2014）的抽样调查结果显示，城市老年人的收入水平较好，城市老年人的年平均收入高于全国城镇居民可支配收入；而农村老年人收入水平比较差，不但远低于城镇居民可支配收入，也低于全国农村居民人均可支配收入。在农村人口老龄化程度重于城市的情形下，这意味着我国一多半老年人口的可支配收入远低于全国平均水平。多数老年人口可支配收入较少，也意味着多数老年人口的消费以生活必需品为主。因此，减少生活必需品的增值税税率，可以显著提高老年人口的生活水平。同时，随着人口结构加速老龄化，劳动人口相对减少，我国工资水平不断上涨，这使以劳动密集为主的“中国制造”业的发展举步维艰。因此，降低生活必需品的增值税税率也可以间接降低劳动工资成本，为产业升级提供一定的缓冲时间。

---

① 解学智，张志勇. 世界税制现状与趋势（2014）[M]. 北京：中国税务出版社，2014.

7.3.2 消费税改革

适当扩大消费税基，引导消费方向。从 OECD 国家特别消费税改革来看，其征税范围逐渐由传统的应税消费税品向有利于环境保护、资源节约领域扩展，如部分国家设置了煤炭税、煤气税、电力税、废水处理税等。此外，为了引导消费方向、调节收入分配，一些国家对某些非必需品、高消费、奢侈行为征收特别消费税，同时还加重了对人体健康有害的烟草、酒的消费税税率。目前，我国消费税包含 15 个税目。2015 年，我国对铅蓄电池和涂料进行征税，这在一定程度上反映了我国消费税逐渐向“绿色”迈进的趋势。今后，我国消费税改革除进一步提高烟、酒等过度消费对人体有害的消费品的税率，加大消费税的“绿色”构成外，可进一步对一些消费行为，如网络游戏、高档会所等开征消费税，以强化消费税引导消费方向、提高资源利用率和调节收入分配的功能。

7.4 企业所得税改革建议

降低企业所得税税率，减轻企业负担。企业所得税税率的下降，已成为世界范围内企业所得税税率变动的主要趋势。2006—2013 年，OECD 国家的企业所得税平均税率从 27.9%下降到了 25.54%，下降了 2.36 个百分点。同期，非洲国家下降了 2.25 个百分点，北美洲下降了 5.05 个百分点，亚洲国家下降了 6.5 个百分点，欧洲下降了 3.1 个百分点，拉丁美洲下降了 1.46 个百分点，大洋洲下降了 3.6 个百分点①。

我国现行企业所得税的法定税率为 25%，在世界范围内看，属于中等水平。但从我国现行养老保险缴费构成来看，企业承担 20%，职工承担 8%。表面上看，企业的负担远重于职工，但实际上企业可以将其承担的缴费部分向职工转嫁。而今后，随着我国人口老龄化进程的加快、劳动力供

---

① 解学智，张志勇．世界税制现状与趋势［M］．北京：中国税务出版社，2014：143.

给的减少，企业向职工转嫁的能力将减弱。这意味着今后企业的实际负担将加重。企业是经济活动的主体、社会产品主要供给者，企业负担的加重将直接导致经济增长率下降。因此，在现行养老保险缴费制度不变的条件下，降低企业所得税税率有利于提高企业活力、促进经济增长。

7.5 资源税改革建议

调整资源税税率，推进生态税制建设。首先，在资源税改革中，税率的设置应“增”“减”结合。目前，我国既定的资源税改革方向是资源税的计征方式由从量计征向从价计征过渡。但笔者建议，改革过程中，其税率设置应“增”“减”结合。2010 年前，我国资源税的征收采取从量计征的办法，而且征收的目的主要是调节级差收入。在这种征收方式下，随着资源的日益减少、资源价格的不断上涨；资源税不但没有起到提高资源效率的作用，反而加重了资源税负的累退性。因此，我国在新一轮资源税改革中，资源税的计征方式应逐步向从价定率的计征模式过渡。但在人口老龄化进程加快、劳动力成本上涨的经济形势下，过快地提高资源税税率，一方面进一步导致物价水平的上涨，另一方面也会加重企业税负。另外，由于老年人口消费以生活必需品为主，物价水平的上涨会导致老年人口生活水平的快速下降。因此，资源税改革中，其税率设置应根据我国资源富集度，结合国际资源产品价格，适当提高富集资源的资源税税率，以促进开采企业提高其劳动生产率、技术水平和资源的综合利用率。对我国相对匮乏的资源和开采难度大的资源，则应该适度降低其税率，以减轻开采企业的税负，为这些企业的升级提供缓冲空间，也为我国资源安全提供保障。同时，对这些企业的减税，并不会导致这些企业生产的低效。因为对于那些我国富集度较低的资源，首先，可以通过海外低价进口的方式，以价格机制来促进这些企业提高生产效率；其次，鼓励人口密集、生态承载压力较大的地区试点开征生态税，以弥补养老保障资金的不足。

参考文献

[1]汤贡亮. 中国财税改革与法治研究（2008）[M]. 北京：中国税务出版社，2008.

[2]岳树民，李建清. 优化税制结构研究 [M]. 北京：中国人民大学出版社，2007.

[3] [英]亚当·斯密. 国富论 [M]. 杨敬年，译. 西安：陕西人民出版社，2003.

[4] [德]马克思. 资本论：第 1 卷 [M]. 郭大力，王亚南，译. 北京：人民出版社，1963.

[5] [德]伯克哈德·希尔，[意]阿尔弗雷·莫斯那. 动态一般均衡建模——计算方法与应用 [M]. 刘斌，贾彦东，译. 北京：中国金融出版社，2015.

[6]吴易风. 当代西方经济学流派与思潮 [M]. 北京：首都经济贸易大学出版社，2005

[7] [美]德内拉·梅多斯. 增长的极限 [M]. 李涛，王智勇，译. 北京：机械工业出版社，2006

[8]龚六堂. 公共财政理论 [M]. 北京：北京大学出版社，2009

[9] [美]奥利·阿申费尔特，戴维·卡德. 劳动经济学手册：第 3 卷 [M]. 宋淇，等，译. 北京：经济科学出版社，2011.

[10] [法]伯纳德·萨拉尼. 税收经济学 [M]. 陈新平，等，译. 北京：中国人民大学出版社，2009.

[11]林江，温海滢. 税收学 [M]. 大连：东北财经大学出版社，2009.

[12]龚六堂，苗建军. 动态经济学方法［M］. 北京：北京大学出版社，2012.

[13]［英］迈克尔·威肯斯. 宏观经济理论动态一般均衡方法［M］. 段鹏飞，等，译. 大连：东北财经大学出版社，2011.

[14]［阿］乔治·麦坎得利斯. RBC 之 ABC 动态宏观经济模型入门［M］. 段鹏飞，译. 大连：东北财经大学出版社，2011.

[15]［美］科斯，诺思等. 制度、契约与组织［M］. 刘刚，等，译. 北京：经济科学出版社，2005.

[16]卢现祥. 西方新制度经济学［M］. 北京：中国发展出版社，2003.

[17]杨再贵. 公共养老金的 OLG 模型分析：原理与应用［M］. 北京：光明日报出版社，2010. 3.

[18]［美］大卫·N. 海曼. 财政学［M］. 张进昌，译. 北京：北京大学出版社，2009.

[19]马拴友. 税收政策与经济增长［M］. 北京：中国城市出版社，2001.

[20]谢旭人. 中国财政改革三十年［M］. 北京：中国财政经济出版社，2008.

[21]［美］菲利普·阿吉翁，彼得·霍依特. 内生增长理论［M］. 陶然，等，译. 北京：北京大学出版社，2005.

[22]任保平. 以质量看待增长对新中国经济增长质量的评价与反思［M］. 北京：中国经济出版社，2010.

[23]李洪心. 可计算一般均衡模型——建模与仿真［M］. 北京：机械工业出版社，2008.

[24]姜向群，杜鹏. 中国人口老龄化和老龄事业发展报告［M］. 北京：中国人民大学出版社，2013.

[25]王弟海. 宏观经济学数理模型基础［M］. 上海：格致出版社，上海三联出版社，上海人民出版社，2011.

[26] 张赫城. 最优税研究 [D]. 大连：东北财经大学，2007.

[27]王树新. 北京市人口老龄化与积极老龄化 [J]. 人口与经济，2003 (4).

[28]黎明. 城镇人口老龄化对产业结果的调整分析 [J]. 现代物业 现代经济，2012. (6).

[29]李晶. 促进人口老龄化与社会经济协调发展的财税政策研究[J]. 宏观经济研究，2013. (1).

[30]UNDP《促进中国养老服务体系发展的财税政策研究》课题组. 促进中国养老服务体系发展的财税政策研究 [J]. 财政研究，2012. (4).

[31]沈坤荣，余红艳. 地方公共政策的结构效应 [J]. 经济理论与经济管理，2013. (13).

[32]彭希哲，胡湛. 公共政策视角下的中国人口老龄化 [J]. 中国社会科学，2011. (3).

[33]陈友华. 关于人口老龄化与养老保障的几个认识问题 [J]. 江苏社会科学，2008. (2).

[34]邬沧萍 谢楠. 关于中国人口老龄化的理论思考 [J]. 北京社会科学，2011. (1).

[35]李建新. 国际比较中的中国人口老龄化变动特征 [J]. 学海，2005 (6).

[36]侯东民. 国内外思潮对中国人口红利消失及老龄化危机的误导 [J]，人口研究，2011 (5).

[37]金度完，郑真真. 韩国人口老龄化过程及其启示 [J]. 人口学刊，2007 (5).

[38]付伯颖. 韩国应对人口老龄化的税制改革与借鉴 [J]. 地方财政研究，2010 (7).

[39]张永学. 韩国税收负担研究 [D]. 长春：吉林大学，2011.

[40]杨默如，李平. 积极应对人口老龄化的税收政策研究 [J]. 税务研究，2008 (5).

[41]杜薇. 基于中国税制结构优化下的税负分析［D］. 太原：山西财经大学，2010.

[42]王金营，付秀彬. 考虑人口年龄结构变动的中国消费函数计量分析［J］. 人口研究，2006（1）.

[43]刘清芝. 美国、日本、韩国应对人口老龄化的经验及其启示［J］. 西北人口，2009（4）.

[44]左学金. 面临人口老龄化的中国养老保障：挑战与政策选择［J］. 中国人口科学，2001（3）.

[45]秦舒涵. 浅析人口老龄化与财税政策的调整［J］. 财税论坛，2013（6）.

[46]柳清瑞，金刚. 人口红利转变、老龄化与提高退休年龄［J］. 人口与发展，2011（4）.

[47]付志刚，章贵军. 人口结构老龄化对经济的影响［J］. 黑龙江对外经贸，2011（4）.

[48]刘永平. 人口老龄化、家庭养老与经济增长［D］. 上海：复旦大学，2007.

[49]简永军，周继忠. 人口老龄化、推迟退休年龄对资本流动分影响［J］. 宏观经济学，2011（2）.

[50]付伯颖. 人口老龄化背景下公共财政政策的选择［J］. 地方财政研究，2008（10）.

[51]张伊丽. 人口老龄化背景下日本公共养老金制度的经济学分析［D］. 上海：华东师范大学，2013.

[52]肖明智. 人口老龄化背景下中国经济发展和养老金账户研究［D］. 长沙：湖南大学，2012.

[53]曾小伟. 人口老龄化财税政策研究［D］. 大连：东北财经大学，2010.

[54]于宁. 人口老龄化的长期经济影响：上海的挑战与对策［J］. 上海经济研究，2011（7）.

[55]汪伟，钱文然. 人口老龄化的储蓄效应 [J]. 经济学动态，2011 (3).

[56]苏春红. 人口老龄化的经济效应与中国养老保险制度选择 [D]. 济南：山东大学，2010.

[57]袁蓓，郭熙保. 人口老龄化对经济增长影响研究评述 [J]. 经济学动态，2009 (11).

[58]包玉香. 人口老龄化对区域经济发展的影响研究——以山东省为例 [D]. 济南：山东师范大学，2010 (6).

[59]祁峰. 人口老龄化对我国经济社会发展的影响及对策 [J]. 生产力研究，2010 (7).

[60]周晨，熊和平. 人口老龄化对我国经济增长的影响 [J]. 湖北经济学院学报，2007 (5).

[61]袁蓓. 人口老龄化对中国经济增长的影响 [D]. 武汉：武汉大学，2010.

[62]李军. 人口老龄化条件下的经济平衡增长路径 [J]. 数量经济技术经济研究，2006 (8).

[63]王艳杰. 人口老龄化与我国经济发展关系的研究 [J]. 时代金融，2013 (5).

[64]侯建明，周英华. 日本人口老龄化对经济发展的影响 [J]. 现代日本经济，2010 (4).

[65]翟振武，赵梦晗. 生育率下降与经济发展模式转型 [J]. 人口与经济，2013 (1).

[66]韩仁月. 税制结构变迁、效应及优化研究 [D]. 济南：山东大学，2011.

[67]裴龙青. 我国的税制结构与经济发展的相关性研究 [D]. 厦门：厦门大学，2007.

[68]杨雪. 我国人口老龄化对经济社会的宏观和微观影响研究 [J]. 人口学刊，2011 (4).

[69]狄国伟. 我国税制结构评价及优化研究［D］. 郑州：郑州大学，2007.

[70]刘喆. 中国税收理论与政策研究［D］. 天津：天津财经大学，2010.

[71]金华，崔文子，师颖新. 应对民族地区人口老龄化的财税政策［J］. 大连民族学院学报，2006（7）.

[72]许静，郭杰. 中国老龄化对社会经济可持续发展的影响分析［J］. 西北人口，2007（1）.

[73]彭秀健. 中国人口老龄化的宏观经济后果——应用一般均衡分析［J］. 人口研究，2006（7）.

[74]廖立国. 中国人口老龄化的经济增长效应分析［D］. 长春：吉林大学，2011.

[75]张再生. 中国人口老龄化的特征及其社会和经济后果［J］. 南开学报，2000（1）.

[76]张桂莲，王永莲. 中国人口老龄化对经济发展的影响分析［J］. 人口学刊，2010（5）.

[77]徐升艳. 中国人口老龄化对经济增长的影响研究［D］. 南京：南京大学，2011.

[78]吴玉霞. 中国税收结构的经济增长效应研究［D］. 天津：天津财经大学，2009.

[79]李曦. 中国现阶段税制结构合理性判别与优化研究［D］. 杭州：浙江大学，2012.

[80]刘宝如. 中国转型期税收与经济增长问题研究［D］. 大连：东北财经大学，2010.

[81]邬民乐. 劳动生产率增长与人口老龄化的应对研究［D］. 上海：复旦大学，2008.

[82]姚从容，李建民. 人口老龄化与经济发展水平：国际比较及其启示［J］. 人口与发展，2008（2）.

[83]穆光宗，张团．我国人口老龄化的发展趋势及其战略应对［J］．华中师范大学学报，2011（9）．

[84]张本波．我国人口老龄化的经济社会后果分析及政策选择［J］．宏观经济研究，2002（3）．

[85]钱凯．我国人口老龄化问题研究的观点综述［J］．经济研究参考，2010（7）．

[86]莫龙．中国人口老龄化经济压力及其调控［J］．人口研究，2011（6）．

[87]杜鹏，杨慧．中国和亚洲各国人口老龄化比较［J］．人口与发展，2009（2）．

[88]郭庆旺，吕冰洋．中国税收负担的综合分析［J］．财经问题研究，2010（12）．

[89]程娟，肖永梅．增值税转型对我国微观经济的影响［J］．华东经济管理，2010（1）．

[90]国家税务总局课题组．借鉴国际经验进一步优化中国中长期税制结构［J］．财政研究，2009（5）．

[91]胡少维．税制调整重在结构、公平与和谐［J］．金融与经济，2006（10）．

[92]李林木．发达国家税制结构的变迁轨迹与未来走向［J］．涉外税务，2009（10）．

[93]林致远，邓子基．从稳定经济的视角看我国的税制结构调整［J］．税务研究，2007（2）．

[94]刘源，戚玉龙．国内外关于税制结构研究的观点述评阴［J］．财经政法资讯，2008（6）．

[95]吕冰洋，禹奎．我国税收负担的走势与国民收入分配格局的变动［J］．财贸经济，2009（3）．

[96]彭海燕．我国个人所得税累进性分解的实证分析［J］．上海经济研究，2010（10）．

[97]王维国，杨晓华. 中国税收负担与经济增长关系的计量分析［J］. 财经问题研究，2006（10）.

[98]闻媛. 我国税制结构对居民收入分配影响的分析与思考［J］. 经济理论与经济管理，2009（4）.

[99]赵晋琳，叶香丽. 中外税收负担比较研究［J］. 经济经纬，2009（5）.

[100]张阳. 中国税收负担分布的实证分析［J］. 财贸经济，2008（6）.

[101]吉尔克. 人口老龄化下税制结构选择的动态一般均衡分析［J］. 内蒙古财经大学学报，2015（6）.

[102] Sabine Jokisch, Laurence J. Kotlikoff. Simulating the Dynamic Macroeconomic and Microeconomic Effect of the Fair Tax [R]. NBER Working Paper, No. 11858.

[103] Akira Okamoto. *Tax Policy for Aging Societies Lessons from Japan* [M]. Japan: Nihon Hicom, 2004.

[104]Ageing [R]. OECD Working Paper, 2009. 12

[105]Boadway, R., Cuff, K., & Marchand, M. Optimal Income Taxation with Quasi - linear Preferences Revisited [J]. *Journal of Public Economic Theory*, 2000 (2): 435-460.

[106] Simula, L. Optimal Nonlinear Income Tax and Nonlinear Pricing: Optimality Conditions and Comparative Static Properties [M]. *Social Choice and Welfare*, 2010 (35): 199-220.

[107]Bollard, A. "What" s Happening in the Property sector? [J]. *Reserve Bank of New Zealand*: *Bulletin*, 2004, 67 (3): 37-46.

[108] Dalsga ard, T. *The Tax System in New Zealand*: *An appraisal and Options for Change*, [M]. OECD Economics Department, Working Papers, No. 281, OECD Publishing, doi: 2001: 10. 1787/382808014300.

[109]McLeod, R. The Issues: Tax Review 2001 [R]. New Zealand Gov-

ernment, Wellington, 2001a.

[110]McLeod, R. Tax Review 2001. Final Report [R]. New Zealand Government, Wellington, 2001b.

[111]Mourougane, A. *Toward a More Efficient Taxation System in New Zealand*, [M]. OECD Economics Department, Working Papers, No. 557OECD Publishing, doi: 2007, 10. 1787/176055857625.

[112]Munnell, A. Current Taxation of Qualified Pension Plans: Has the Time Come? [J]. *New England Economic Review*, March/April, 1992: 49-63.

[113]Periodic Report Group New Zealand . Retirement Income Report 2003 [R]. New Zealand Government Printer, Wellington, 2003.

[114]Retirement Policy and Research Centre. The Tax Implications of Pay, Salary Sacrifice, KiwiSaver and PIEs [Z]. Briefing Paper No. 06/07, Retirement Policy and Research Centre, The University of Auckland, 2003.

[115]Savings Product Working Group, New Zealand. A Future for Work-Based Savings in New Zealand [R]. Final Report of the Savings Product Working Group, Wellington, 2004.

[116]Scobie, G., Gibson, J. and Le, T. Saving for Retirement: New Evidence for New Zealand [Z]. New Zealand Treasury Working Paper No. 04/12, The New Zealand Treasury, Wellington, 2004.

[117]Sinfield, A. Tax Benefits in Non-state Pensions [J] . *European Journal of Social Security*, 2000, 2 (2): 137-167.

[118]Skilling, D. Home is Where the Money is: the Economic Importance of Savings [Z] . Discussion Paper No. 2005/1, New Zealand Institute.

[119]St John, S. Child poverty: Lessons from New Zealand [J]. *European Journal of Social Security*, 2006a, 8 (3): 299-316.

[120]St John, S. The Policy Implications of Decumulation in Retirement in New Zealand [Z]. A Background Paper Setting Out the Issues Prepared for the Retirement Commission. Retirement Commission, Wellington, 2006b.

[121]St John S. "New Zealand" s Experiment in Tax Neutrality for Retirement Saving [Z]. The Geneva Papers on Risk and Insurance, 2007, 32 (4): 532-552.

[122] St John, S. and Gran, B. The World' s Social Laboratory: Women-friendly Aspects of New Zealand Pensions [J]. *in J. Ginn, D. Street and S. Arber (eds), Women, Work and Pensions, Open University Press*, Buckingham: 199-215.

[123]St John, S. and Littlewood, M. Does KiwiSaver Improve the Unique New Zealand Mix of Retirement Policies? [Z]. Paper presented at the 14th Australian Col-loquium of Superannuation Researchers: Choice in Retirement Funding, 2006: 20-21 July, UNSW, Sydney.

[124]Statistics New Zealand The Net Worth of New Zealanders. Data from the 2001 Household Savings Survey [R]. Standard tables and technical notes, Household Economic Statistics Division, Statistics New Zealand, Wellington, 2001.

[125] The New Zealand Treasury. Treasury Report: Saving Incentive Options—Consultation and Analysis [R]. The New Zealand Treasury, Welling ton, 2001.

[126]Yoo, K. and de Serres, A. Tax Treatment of Private Pension Savings in OECD Countries and the Net Tax Cost Per Unit of Contribution to Tax-favoured Schemes [Z]. OECD Economics Department Working Papers, 2004, No. 406, OECD Publishing, Paris.

[127] Auerbach, A. J. The Choice between Income and Consumption Taxes: A Primer [J]. *NBER Working Paper*, 2006, No. 12307, June.

[128]Auerbach, A. J , M. P Devereux and H. SimpsonTaxing Corporate Income [J]. *CESifo Working Paper*, 2007, No. 2139, November.

[129]Baylor, M. and L. Beauséjour. Taxation and Economic Efficiency: Results from a Canadian CGE Model [Z]. Department of Finance Working Paper, 2004-10, Ottawa.

[130] Bassanini, A. and R. Duval. Employment Patterns in OECD Countries: Reassessing the Role of Policies and Institutions [Z]. OECD Economics Department Working Paper, 2006, No. 486, OECD Publishing, Paris.

[131] Boadway, R. Natural Resource Shocks and the Federal System: Boon and Curse? [Z]. Fiscal Federalism and the Future of Canada - Selected Proceedings from the Conference, Institute of Intergovernmental Relations, 2006, 28-29 September.

[132] Bond, S. and M. P. Devereux. Cash Flow Taxes in An Open Economy [Z]. CEPR Discussion Paper, 2002, No. 3401.

[133] Chen, D. and J. Mintz. Business Tax Reform: More Progress Needed [Z]. C. D. Howe Institute e-brief, 2006, June.

[134] Chen, D., J. Mintz and A. Tarasov. Federal and Provincial Tax Reforms: Let' s Get Back on Track [Z]. C. D. Howe Institute Backgrounder, 2007, 1No. 12, July.

[135] Crossley, T. F. and S. -H. Jeon. Joint Taxation and the Labour Supply of Married Women: Evidence from the Canadian Tax Reform of 1988 [J]. *Fiscal Studies*, 2007, Vol. 28, No. 3.

[136] Dahlby, B. Dealing with the Fiscal Imbalances: Vertical, Horizontal, and Structural [Z]. C. D. Howe Institute Working Paper, 2005, September.

[137] Dahlby, B. and E. Ferede. Assessing British Columbia' s Incentive-Based Tax Cuts [Z]. Studies in Economic Prosperity, No. 5, The Fraser Institute, 2008, February.

[138] Day, K. M. and S. L. Winer. Policy-induced Internal Migration: An Empirical Investigation of the Canadian Case [Z]. mimeo, Department of Economics, University of Ottawa, 2005, October.

[139] Hajkova, D., G. Nicoletti, L. Vartia and K. -Y. Yoo. Taxation, Business Environment and FDI Location in OECD Countries [Z]. OECD Eco-

nomics Department Working Papers, No. 502, OECD Publishing, Paris, 2006.

[140] IMF. Canada - Staff Report for the 2008 Article IV Consultation, Washington D. C., 16 January. Institute for Competitiveness and Prosperity (2007) [Z]. Prosperity, Inequality and Poverty, 2008, Working Paper 10, Toronto, September.

[141] Jackson, A. Why Charity Isn' t Enough: the Case for Raising Taxes on Canada' s Rich [Z]. Canadian Centre for Policy Alternatives, Technical Paper 1, December, 2007.

[142] Jaumotte, F. and N. Pain. Innovation in the Business Sector [Z]. OECD Economics Department Working Papers, No. 459, OECD Publishing, Paris, 2005.

[143] Johansson, A. et al. Tax and Economic Growth [Z]. OECD Economics Department Working Papers, No. 620, OECD Publishing, Paris, 2008.

[144] Lester, J., A. Patry and D. Adea. An International Comparison of Marginal; Effective Tax Rates on Investment in R&D by Large Firms [Z]. Department of Finance Working Paper, 2007-07, Ottawa, September.

[145] McLure, C. E., Jr. Tax Reform and Investment: Will the US Sneeze? Will Canada Catch Cold? [Z]. Benefactors Lecture 2005, C. D. Howe Institute, Toronto, 3 November.

[146] Mintz, J. and T. Roberts. Running on Empty: A Proposal to Improve City Finances [Z]. C. D. Howe Institute Commentary, No. 226, February, 2006.

[147] Mintz, J. The 2006 Tax Competitiveness Report: Proposals for Pro-Growth Tax Reform [Z]. C. D. Howe Institute Commentary, No. 239, September, 2006.

[148] Mintz, J. The 2007 Tax Competitiveness Report: A Call for Comprehensive Tax Reform [Z]. C. D. Howe Institute Commentary, No. 254, September, 2007.

[149] Mintz, J. Rewarding stagnation: Unfair tax breaks produce an excess

of inefficient small firms [J]. *National Post*, 8 *February*, 2008.

[150]Mourougane, A. Achieving Sustainability of the Energy Sector in Canada [Z]. OECD Economics Department Working Papers, No. 618, OECD Publishing, Paris, 2008.

[151]Nickell, S. Employment and Taxes [Z]. CEPR Discussion Paper, No. 634, 2004.

[152] Norregaard, J. and T. S. Khan. Tax Policy: Recent Trends and Coming Challenges [Z]. IMF Working Paper, WP/08/274, December. ECO/WKP (2008) 39

[153] OECD. Fundamental Reform of the Personal Income Tax [J]. *OECD Tax Policy Studies*, No. 13, OECD Publishing, Paris, 2006a.

[154] OECD. Fundamental Reform of the Corporate Income Tax [J]. *OECD Tax Policy Studies*, No. 16, OECD Publishing, Paris, 2006b.

[155] OECD. The Political Economy of Environmentally Related Taxes [J]. *OECD Publishing*, Paris, 2006c.

[156]OECD. OECD Economic Surveys: United States [J]. *OECD Publishing*, Paris, 2007.

[157] OECD. Economic Policy Reforms: Going for Growth 2008 [J]. *OECD Publishing*, Paris, 2008a.

[158]OECD. OECD Economic Surveys: Poland [J]. *OECD Publishing*, Paris, 2008b.

[159]OECD. Tax Reforms and Tax Burdens 2000-2006 [J]. in *Taxing Wages* 2006/2007, 2007 *Edition*, *OECD Publishing*, Paris, 2008c.

[160]OECD. OECD Economics Surveys: Canada [J]. *OECD Publishing*, Paris, 2008d.

[161]Oliveira Martins, J., R. Boarini, H. Strauss, C. de la Maisonneuve and C. Saadi. "The Policy Determinants of Investment in Tertiary Education [Z]. OECD Economics Department Working Papers, No. 576, OECD Publish-

ing, Paris, 2017.

[162]Parsons, M. and N. Phillips. An Evaluation of the Federal Tax Credit for Scientific Research and Experimental Development [Z]. Department of Finance Working Paper, 2007-08, Ottawa.

[163]Parsons, M. The Effect of Corporate Taxes on Canadian Investment: An Empirical Investigation [Z]. Department of Finance Working Paper, 2008-01, Ottawa, May.

[164]Poschmann, F. and W. Robson. Saving' s Grace: A Framework to Promote Financial Independence for Low-Income Canadians [Z]. C. D. Howe Institute Backgrounder, No. 86, November, 2004.

[165]Poschmann, F. Still High: Marginal Effective Tax Rates on Low-Income Families [Z]. C. D. Howe Backgrounder, No. 113, February, 2008.

[166] Smart, M. Federal Transfers: Principles, Practice and Prospects [Z]. C. D. Howe Institute Working Paper, September, 2005.

[167] Smart, M. The Economic Impacts of Value Added Taxation: Evidence from the HST Provinces [Z]. mimeo, University of Toronto, Februar y, 2007.

[168]Tsounta, E. Why are Women Working So Much More in Canada? An International Perspective [J]. *IMF Working Paper*, WP/06/92, April, 2006.

[169]Usher, D. The Reform of Equalization Payments [Z]. Canada Public Policy-Analyse de Politiques, Vol. 33, No. 3. 44 ECO/WKP (2008) 39.

索　引

后 记

定稿之际，已近不惑之年，回想这些年的求学之路，突然想起王国维先生所言之“众里寻他千百度，蓦然回首，那人却在灯火阑珊处”。然我之“阑珊”多为文之阑珊，而我远未及求学之自由国度。“路漫漫其修远兮”，我今后仍将不懈求索。虽然文章拙劣不能作为回馈母校的成果，但真心感谢在我论文写作过程中给予我关爱的老师和亲友。

感谢中央财经大学！中央财经大学无论从博士生课程设置还是学术交流上，都为我的学习和研究创造了优异的条件。

感谢我的导师著名财税专家汤贡亮教授！能有幸成为汤贡亮老师的学生，是我一生之福。汤老师治学严谨、为人谦和，是我一生学习的榜样。本书的完成倾注了汤老师无数的心血，论文的选题及书中提到的一些观点源自汤老师的独到见解。限于本人的学术能力，未能全面反映汤老师的思想。感谢贾绍华、倪红日、计金标、甘功仁、高萍和汪昊老师对我论文的悉心指导。

感谢我的母亲！她倾其一生鼓励我学习，是母亲无私的爱让我走到了今天。

感谢我的爱人！她在我读博期间独自一人承担起家庭的重担。

感谢我的女儿和儿子！他们天真无邪的笑容总能一扫我写作中的苦闷。

感谢我的硕士生导师额尔敦扎布教授和本科班主任高本权教授！是你们带我走进了经济学的神圣殿堂。

感谢我的工作单位内蒙古财经大学对我求学的支持，感谢我的同事们对我论文写作的关心和支持！

吉尔克

2017 年 3 月 5 日